知恵なくば、国起たず！
誇りなくば、国護れず！

菅　考之

はじめに

豊かな物質文明の中で、平和を謳歌する現代日本。

はたしてこの状態が、本当の平和国家と言えるのでしょうか。

また、今日の日本人は、自らが主体となって本当に自国の平和を実現し、そして、その平和を維持するための努力をしてきたと言えるのでしょうか。

戦後七十年、日本は外国と一度の戦争をすることもなく、また大きな国際紛争に巻き込まれることもなく、経済成長の中で豊かな生活を実現してきました。その意味では、「戦後の日本は平和だ」「日本は平和国家だ」と言っても間違いではないでしょう。


しかし、将来に向かってはどうでしょう。

平和を維持することができるのでしょうか。

現代日本人の持つ歪な「国防観」、つまり、自らは大声で《戦争反対！》と叫ぶだけで、《自国の安全と生存を他国に依存する》という生き方を続けていることに対して、何の疑問も不安も感じないという精神状態で、日本人は、はたして独立主権国家としての平和を実現し、そして維持することができるのでしょうか。


世界は刻々変化しています。

国防・安全保障の在り方も同じです。

私たち日本人は、戦後日本の平和を支えてきたものは何だったのかを正しく理解しなければなりません。

そして、戦後日本の平和を支えてきたものが、将来に向かっても引き続き平和をもたらしてくれるのかどうかについて、真剣に考えなければなりません。

なぜなら、戦後日本人は、「空想的平和主義」という偽善の世界に身を置いているからです。

その具体例を挙げてみましょう。

・戦後、日本が平和を保ってこられたのは、平和憲法のお陰だと言う人たち
・戦争反対！　と叫んでおれば、平和が担保できると信じている人たち
・アメリカによる広島・長崎への原爆投下に対して、「過ちは繰り返しません」という

主語なき碑文の主語は人類だと綺麗事を繰り返す人たち

・政府の要職にありながら、特亜三ヶ国（中国・韓国・北朝鮮）に阿り、自国の歴史を貶める発言をする人たち

・東京裁判の欺瞞性に目をつぶり、自虐史観を払拭しようとしない人たち

・公教育にたずさわる身でありながら、「思想・信条の自由」を理由に国旗掲揚も国歌斉唱もせずと裁判に訴える人たち

・憲法の持つ最大機能は、国家権力を縛るためのものと公言して憚らない人たち

・反日プロパガンダを実質的社是とする国籍不明の如きマスコミ・新聞界の人たち

・GHQの占領基本法とも言うべき現行憲法を半世紀以上も守り続け、独立主権国家の国民でありながら、自らの生き方を自ら創り出そうとしない人たち

どうでしょうか。こういう日本人があなたの周りにも居るのではないでしょうか。

これらの人たちを私は「国家観」の欠落した日本人と呼んでいます。

何より問題なのは、空想的平和思考や信条に自らの生存を預けていながら、それに対して危うさを感じる様子がないことです。

国際社会は、そんなに甘くはありません。もし平和が崩れることになれば、空想的平和思

考の人たちの生存さえも危くしてしまいます。

それを私は心配しているのです。


そうなる前に何とかしなければならない。

という思いが日々強くなっています。


戦後七十年を経過した我が国・日本は、国防・安全保障上の大きな問題として、憲法や集団的自衛権、日米関係や米軍基地問題などで、独立国家としての在り方が問われています。日本は真の独立主権国家としての「自立」ができるのか。それが問われているのです。

それは、日本国民の真剣度が問われているということです。

そのことを、一人でも多くの日本人、とくに国家の将来を担うべき立場にある若い人たちに気付いてほしいのです。

そして、現代日本人の持つ「空想的平和主義」の欺瞞性を見抜き、《自分の国は自分で護る!》という独立主権国家としての基本精神を日本人の中に醸成するための行動につなげていってほしいのです。

そのためには、知識、知恵が必要です。

日本人の生き方や思想形成に大きな影響を与えてきた歴史を学ぶことで、今後どう生きていけば良いのかの答えが出てきます。

「近代日本の歩み」から「日清・日露の戦い」、そして「太平洋戦争」、つづく「GHQの占領統治」、そして「憲法制定」や「東京裁判」、「マッカーサー証言」などが、今に生きる私たち日本人に何を教えてくれるのか。以下、小生の考えを述べさせていただきます。

日本及び日本人はどうあるべきなのか。その再考を促す一助になれば幸いです。

平成二十八（二〇一六）年三月十八日

菅　考之

目次

第一章　近代日本への歩み

第二章　終戦、そしてGHQの占領統治

第三章　憲法制定

第七章　教育勅語

序章　今こそ日本人の「生きる知恵」を発揮する時

危機感が知恵を生み出し向上心も生まれる

今のままでは日本は危ない。

このままでは日本という国が無くなってしまうかもしれない。

現代日本の状況を見るにつけ、私は本当にそういう危機感を持っています。

そして日本人の一人として、これを黙って見ているわけにはいかないと思っているわけです。


では、どうすればこの危機的状況を乗り越えることができるのか。

それには、知識、知恵が必要だと書きました。

すなわち、どうすればいいのかの知恵がなければ、危機を回避することができないということです。

その知恵を生み出すのが危機感であり、危機感を持つことで「どうすればいいのか」の向上心が生まれると私は思っています。

知恵と危機感と向上心は、本書のキーワードでもあります。

ということで私は現代日本に危機感を持っているわけですが、大きく言って二つあります。

一つは、日本が大好きだからです。愛国心があるからです。日本人としての誇りもあります。日本の歴史を勉強してみると、日本は世界の中でも大いに誇りある国なのです。二〇〇〇年以上続く皇統一つとってもそうです。近代史だけみても、人種平等を世界に先駆けて訴え、我が身を滅ぼしながらも人種平等を実現した国なのです。

二つは、そうした誇りある日本を潰しては、これまで日本を築き上げてきた先人に申し訳ないという強い思いがあるからです。歴史は一朝一夕で出来上がるものではありません。先人が知恵を出し、命をかけて築きあげてきたのです。

そしてよくよく考えてみると、先人もまた、日本を潰してはいけないという危機感があったからこそ、知恵を出し、向上心を持って、独特の文化を築き上げ、日本を護ってきたのではないでしょうか。

そうした先人の思いを、私たちは決して忘れてはいけないと思うのです。

国益確保には《軍事力行使も辞さず！》が世界の現実

翻って現代日本人の多くはどうでしょうか。

今日の日本の平和が何によってもたらされているのか。

また平和を維持していくためには何が必要なのか。

それがどうもわかっていないように思います。

〝憲法改正反対！〟〝集団的自衛権行使容認反対！〟を声高に叫ぶだけで、平和の実現や維持について、何ら具体的・現実的な提言も行動もないからです。

平和維持への努力を怠れば、国民の平和はおろか国家存立さえ危うくなるという国際社会の現実をまったく見ようとはしません。

こんなことでは、大略三十年ほどの間に日本は日本でなくなってしまうでしょう。


世界の各国家の生き方は、苛烈を極めるものです。

二十世紀には、第一次および第二次大戦という戦争の時代を経験し、世界の各国家は、空想的に自国の理想社会実現を語るだけでは、平和への到達は不可能だということを思い知らされました。

二十一世紀の今日に至るも、世界各地での民族紛争や宗教対立は後を絶ちません。さらに対テロ戦争の恐怖も拡大の一途を辿っています。

このような混沌とした世界情勢の中、アメリカやロシア、中国などの大国は当然の事、世界中のほとんどの国家が、自国国益の確保を最優先します。

そして、平和、つまり国益の確保という自国の理想を達成するためには、《武力行使も辞さず！》というのが世界の現実で、それを容認しています。

それが、世界の冷厳な現実なのです。

「空想的平和主義」に身を置く戦後の日本人

しかし、多くの日本人は、未だにありもしない理想郷を求め続けています。

半世紀以上にわたって「交戦権放棄」の現行憲法を護れと叫び、国際法上、世界中の国々が認めている「集団的自衛権」、その限定的な行使にも反対するのです。

そういう日本人は、「平和」とは、天や神から与えられるもの、あるいは同盟国に護ってもらって実現するものとでも思っているのでしょうか。

主権国家における平和とは、当然の事ながら外交を中心に実現していくべきものです。その外交は軍事力によって支えられているという世界の常識を理解しようとしない日本人が多くいます。

なぜそのような日本人が多くなったのかについては、本書で細かく書いています。

その結果、戦後日本人の多くは、「空想的平和主義」という偽善の世界に身を置いているのです。

彼らは、現実認識が甘く、国益を優先する国際社会の現実を見ていません。国際社会では各国とも自国の都合を優先させます。すなわち国際社会の考えは、国家に立脚しているのです。

そういう世界の現実を見ない人は、平和を叫べば平和がやってくると思っている空想家・夢想家と言えます。

空想家・夢想家は国民の平和を守ることはできない

空想家・夢想家は現実を見ようとしませんから、日本のあるべき姿としてユートピアを夢見るだけでは、平和はおろか国家機能も発揮することができません。

国家機能を喪失するということは、国民を統合する力がなくなりますから、他国の言いなりになる、属国の途を辿るしかありません。属国となれば、国家主権はおろか、国民としての基本的人権もない悲惨な運命が待っていることになります。

ウイグルやチベットの状況をご存じでしょうか。その悲惨な状況は、度々ニュースでも流れますから知る人も多いかと思いますが、自国の機能を失った姿です。すなわち属国ということです。両国は、国家機能を失ったというより、奪われたが正しい表現でしょう。

現代日本人は、こうした状況に接して何も感じないのでしょうか。

二〇〇〇年の長きにわたり、「他人との共生」、「自然との共生」など、世界に誇るべき歴史と文化を育んできた日本。その伝統ある国家の一員として、私たちは自分たちの子や孫にそのような属国の悲哀を経験させてしまってもいいのでしょうか。

まともな日本人ならば、考えるまでもありません。

属国になってはならないのです。国家は、「自立」しなければなりません。「自立」してこそ、国家なのです。

「自立した国家」とは、自国の生存と安全を国民自らが確保しようと行動する国ということです。そして国家が「自立」するためには、民族としての「誇り」を持つことです。つまり、自ら属する国家・社会の存在価値を信じることです。

国民に「自立心」と「誇り」がなければ、いかなる国家も世界で独立主権国家として存続することはできないのです。

戦後日本が抱え込んだ国家的ツケの三項目

国民が「自立心」と「誇り」をなくしてしまえば、独立主権国家は成り立たなくなります。その現実にあるのが、今の日本です。では、具体的にどんな問題を抱えているのかを考えてみたいと思います。

平成二十七（二〇一五）年は、日本にとって戦後七十年の節目の年でした。

今日の日本は、国民の知恵と努力で戦後の混乱期を乗り越え、経済大国を実現したものの、平成初期のバブル経済の崩壊以降〝失われた二十年〟を引きずり、デフレ不況の中から、なかなか脱出することができていません。

GDPは五〇〇兆円のまま成長せず、国民の所得と消費は上昇気配がありません。

経済に限らず、教育改革も一向に進みません。学力低下、モラルの喪失を招き、ニートやフリーターなどの働く意欲の乏しい若者を生み続け、異様な犯罪を誘発しています。

さらに少子高齢化と共に生産人口の減少が進む一方、社会保障費は増え続け、国の借金は一〇〇〇兆円を突破してしまいました。

こうした現状にある日本が、独立主権国家を目指すには、どうしても清算すべき国家的ツケが溜まっています。ひときわ深刻なのは、以下の三項目です。

一、国防・安全保障に対する無関心
二、東京裁判に発する自虐史観の無定見な受け入れ
三、教育勅語の廃止による伝統的価値観の喪失

ツケの原因は昭和二十年八月十四日、日本がポツダム宣言を受諾したことで始まったGHQによる占領統治と言ってよいでしょう。いや、正確に言えば、そうではありません。GHQの占領統治はキッカケにすぎません。

ツケの本当の原因は〝平和ボケ〟という言葉に代表される、戦後日本人の「自立心」と「誇り」と「伝統精神」を失った生き方そのものにあるのです。

この点を理解することが、独立主権国家建設への道程と言えます。

ＧＨＱの影響を残したまま大転換期の中にある日本

占領統治から約七年が経過した昭和二十七年四月二十八日、サンフランシスコ講和条約により日本は国家主権を回復します。その間、日本は日本の意志で国家運営はできませんでした。

ですから、主権回復に際して最も大切な事は、占領統治が日本社会に何をもたらしたのか、それを「総括」し、「功」は「功」として認め、「罪」は速やかに修正することです。具体的には、外交や国防・安全保障、教育など、将来に向かって目指すべき国家の基本構造を示し、その実現に向かっての行動を開始するということです。

その役割を担っているのが政治家です。そして政治家を選ぶ国民も大きな役割を担っています。

では、昭和二十七年、主権を回復した後の日本は、どのような行動をとったのでしょうか。昭和二十七年は、まだまだ日本は経済的に貧しい時代です。経済的に豊かになることが幸せになることと、国民は一生懸命に働きました。

政治家も、独立国家としての外交や国防・安全保障、教育などは後回しにし、経済に専念しました。その結果、独立国家としての再出発は、主権を回復したにもかかわらず、占領政策の「罪」をそのままにしてきたのです。

それが、日本及び日本人の「国家観の欠如」、「国防意識の希薄化」、「教育の停滞」、「モラルの荒廃」など、国家的ツケを生んできたのです。

二十一世紀も十六年目に入り、国際情勢はかってないほど混乱しています。日本とて、今の安全で平和な状態がずっと続く保証はないのです。

数々の難局を乗り切ってきた日本、いままさに歴史の大転換期に差し掛かっています。私たちの先達は、その都度「危機感」と「向上心」を持って日本を護ってきました。

その先達の知恵に学び、新しい国家像を創造することが今日の日本人に求められているのです。

そこで必要なのが「変化に対応」する生き方です。

「変化に対応」できてこそ生き残る

《この世に生き残る生物は最も力の強いものではない。また、最も賢いものでもない。

それは、変化に対応できる生物だ》

この言葉は、生物学者・ダーウィンが発したものです。

平成十三（二〇〇一）年九月二十七日の第一五三回国会において、総理大臣である小泉純一郎（当時）は、所信表明演説の際、この言葉を引用して次のように述べました。

《わが国は、黒船の到来から近代国家へ、そしてまた戦後の荒廃から復興へと、見事に危機をチャンスに変えました。これは、変化を恐れず、果敢に国づくりに取り組んだ国民の努力の賜であります。私は、変化を受け入れ新しい時代に挑戦する勇気こそ、日本発展の原動力であると確信しています》

小泉総理は近代日本の発展を『ダーウィンの進化論』に準え、「変化に対応」すること、即ち、改革（現状打破への知恵を出し、その知恵を実践する事）の大切さを訴えたのです。

戦後七十年、世界は大きく変わりました。

小泉総理の発言の如く、敗戦がもたらす荒廃から復興への道程を「変化への対応」と捉え、戦後、日本人が新しい環境へ果敢に挑戦したことが今日の日本の繁栄をもたらしたという説に異論を唱える人はいないでしょう。

農林水産業など一次産業中心の産業構造から、鉄鋼・造船・自動車・家電に代表される二次産業へのシフト、その結果生じる公害問題や労働争議を乗り越え、また、流通・通信・娯楽などに係わる三次産業を起こして雇用の拡大を実現、さらに、オイルショックや貿易摩擦という国際間に生じる障害をも克服して経済発展を続ける日本の歩みは、まさに世界規模での「変化に対応」するものであったと言っても間違いではありません。

これら日本人の「変化に対応」する生き方の原動力は、一体、何なのでしょうか。

それは、ペリー来航に始まる迫り来る危機を乗り越えるための、官民挙げての知恵の発揮が今日のわが国繁栄の原動力なのです。

では、何がその知恵を生み出すのでしょう。

それは日本人の「危機感」と、そこで生まれた「向上心」です。独立主権国家実現のためには、国家の近代化を計らなければ、列強に飲み込まれてしまうという危機感と向上心が知恵を生んだのです。

「変化に対応」してきた日本人の知恵

時代を溯れば、「和を以て尊しとなす」という聖徳太子の教えも、単に仲間同士が仲良くするということではなく、どんな困難な事が生じても、つまり、危機に瀕しても向上心を忘れず、みんなが話し合って知恵を出し合えば必ず解決策を見い出せるという「変化への対応」を説いたものと言えます。

そしてまた、江戸時代以来ほとんどの日本国民が身分や地位に関係なく、藩校や寺子屋で「人間の在り方」と共に「国家・社会の在り方」を学ぶという危機感と向上心が知恵を生み、明治維新という大きな「変化に対応」する生き方を導き出すのです。

振り返れば奈良・平安の時代より、私たちの先達は、国際環境の「変化に対応」すべく、国家としての形体を変える努力を続けてきました。

隋・唐からの外圧に対しては「大化の改新」、元寇によってもたらされる鎌倉幕府の衰退は「建武の中興」、ペリー来航に対しては「明治維新」という新しい国づくりで対応してきました。

明治時代は、欧米列強やロシアからの植民地支配の恐怖を、富国強兵と殖産興業を国是として「近代国家」実現への原動力にしてきました。

これら国家的躍進の根源となるものは何なのでしょう。

それは、民族としての「自立心」と「誇り」です。自立心と誇りがあるからこそ「危機感」が生まれ「向上心」を醸成するのです。そこに「知恵」が生まれるわけです。そしてその知恵の発揮が「変化に対応」を可能とし、国難を乗り切る原動力となるのです。

日本人の知恵の発揮は、国家形体の進展に対するものだけではありません。

実に様々な知恵を発揮して、世界で唯一の貴重な「一国一文明」を築き上げてきました。

先達による代表的な知恵の発揮に触れてみましょう。

独特な文化を作り上げてきた日本人の知恵

まずは「**文字**」です。

日本は中国から「漢字」を輸入します。そして輸入した漢字を基にして「ひらがな」や「カタカナ」を発明します。漢字の偏や旁からカタカナを創り、草書体からひらがなを創りました。単に模倣するだけではなく、大陸文化を咀嚼し、和風文化に創りかえるのです。

漢字からカタカナやひらがなを創り出すという日本人の知恵が、和歌や詩歌、また俳句に戯曲や小説など、その後の日本独自の文字文化を大きく発展させるのです。万葉集に万葉仮名として、その影響が現れ、古今和歌集以降、ひらがなが使われるようになります。

そして、その後のかぐや姫を主人公とする世界最古の創り物語である『竹取物語』、また世界最初の長編小説と言われる『源氏物語』などの名作へとつながっていくのです。

次に「**仏教**」です。

仏教も日本においては、興味ある変遷を辿ります。発祥地のインドから中国を経由して伝来した仏教は、日本で大きく変容します。変容というよりも、日本独自の「日本仏教」になっていくのです。ここにも、日本人の様々な知恵の発揮があります。

五三八年、釈迦の教え、つまり、《人間の苦悩解消のためには、出家して修行しなければならない……》として伝来してきた仏教は、最初は、釈迦本来の教えである「出家での個人救済」を目的に普及していくのですが、年限を経る間に仏教の教えは個人救済だけではなく、大衆をも救うものでなければならないという考えが生まれてきます。

その考えが在家信者を生み、大乗仏教を容認し、さらに、それらの動きが種々の分派・宗派の誕生となり、インド仏教にはない「先祖供養」につながっていくのです。こうして、中国伝来の仏教は、平安末期から鎌倉時代にかけて、法然や親鸞、日蓮などによって儒教的性格を持つ日本独自の仏教へと変わっていくのです。

そして「**朝幕政治**」です。

朝幕政治という政治形態は、世界に例がありません。外国では、権力は一元化されます。ところが日本では、武家政権の誕生で政治の実権は幕府に移ったにもかかわらず、朝廷は滅びることなく、そのまま残るのです。

いかにも日本的な制度です。ここにも、知恵、日本人の大きな知恵があります。

「権力」からなる幕府と「権威」の存在である天皇を並存させる国家統治形態は、放伐による易姓革命で王朝交代を繰り返す中国とは根本的に異なっています。古くから日本人は、国家統治には権力だけでなく権威の必要性を理解していたのです。

権力と権威を分割した独裁者を生まない朝幕政治は、特異な日本文化として鎌倉・室町・江戸時代へと続き、明治維新による徳川慶喜の大政奉還まで大略七〇〇年間続きます。

朝幕政治という国家統治が続くわが国では、一貫した歴史や伝統の継承が行われる結果、文化や文明にも一時中断や恣意的な変更が行われることなく、その連続性が保たれてきました。途切れることのない文化の継承は、日本人の知恵の結晶なのです。

そして次は「**神道**」です。

神道も朝幕政治と同じく、世界中のどこにも存在したことのない日本独特のものであり、わが国の自然崇拝・祖先崇拝から成り立っています。キリスト教やイスラム教に代表される西欧の一神教がそれぞれ強い排他性や独善性を有しているのに対して、自然界のあらゆるものを神と崇め、その神に感謝して生きるという民俗的風習からなる神道には、何の排他性も独善性もありません。

あらゆる自然に感謝して生きるという宗教観は、何事も排せず、自分流に受け入れ、自然と共生するという日本人の知恵から成り立っており、「八百万の神」という言葉が神道の本質を表しています。ほとんどの日本人は、正月になると近くの神社に「初詣」に出かけ、また、子供の成長に合わせて「七五三」を祝い、家や事務所には五穀豊穣や家内安全を祈願して「神棚」を祀るなどの行為をしてきました。そして、豊作や大漁を祈念し、それが実現すると、神様に感謝するという「お祭り」をしてきました。

これらはすべて、日本人のよりよく生きていくための知恵です。その根底に、日本人は「自然との共生」、「他人との共生」という生き方があります。

それが世界に類のない日本の「一国一文明」を創り上げてきたのです。

日本文明は中華文明とは明らかに異なる

日本の「一国一文明」は、「日本の国柄」や「日本人の精神性」で成り立っています。

これまで、世界の主要文明は「西欧キリスト教文明」、「ロシア正教文明」、「イスラム文明」、「ヒンズー文明」、「中華文明」、「中南米・ラテンアメリカ文明」、「アフリカ文明」の七種類に分類され、日本は韓国と同様に中華文明圏を構成する国であるとされてきました。

文明学者の指摘の通り、奈良・平安の時代から室町時代の末期にかけ、わが国には国家統治形態にかかわるものから、宗教や文字などの日常生活にかかわるものまで様々な文化が中国大陸から入ってきます。それらは中国の文物だけではなく、ヒマラヤを越えてきたインド仏教、またシルクロードに運ばれてきたペルシャ文化も含まれます。

第十五代・応神天皇の時代には、中国から百済を経由して孔子の言行録である『論語』も日本に伝わります。論語はその後、とくに江戸時代になると広く日本社会に普及して、日本人の生き方に大きな影響を与えることになるのです。

また三十三代・推古天皇の時代には、小野妹子らが遣隋使として中国に渡って中華文明に直接触れるなど、わが国と中国（隋）との国家間の本格的な交流も始まります。

これまでの文明論の世界では、日本文明について、中国大陸との地理的条件、そしてその中国大陸からの文化の受け入れと活用、具体的には、中国伝来の漢字を使い、仏教を信仰し、儒学を学ぶ生き方、また朝貢を中心とした中国との関係などが重要視され、日本は中華文明圏の構成国、あるいはその周辺国とされてきました。

このように古くから、中国伝来の様々な文化の影響を受け、文明論的には中華文明圏の構成国とみなされてきたわが国なのですが、その日本文明には中華文明と明らかに異なる文明が存在するのです。

それら日本文明の独自性は、国家の統治形態や宗教、そして国民の生き方などに顕著に表れています。

具体的には、先に述べましたが鎌倉幕府成立以後の国家統治形態となる「朝幕政治」であり、自然崇拝・祖先崇拝からなる「神道」の存在であり、また〝和を尊ぶ〟「国民の生き方」などに明確に表れています。これらは、中華文明圏を含む他の文明圏にはほとんど存在しない、いかにも日本的な、わが国独自の文明です。

このような日本独自の文明の発祥にも、日本人の「知恵」の発揮があるのです。

日本人は「知恵の発揮」で一国一文明を築いてきた

私たちの先達は、知恵を働かせて、外来文化を自国の風土や日本人の生き方に相応しいものに変化させながら、独自の日本文明を創造してきました。

中国との国家間の交流においても、同じです。新羅や高麗、百済などの周辺諸国が朝貢を繰り返して中国の冊封国となっていくのに対し、わが国は中国と出来るだけ対等の外交関係を望みました。六〇七年、小野妹子を遣隋使として、推古天皇の摂政・聖徳太子が隋の煬帝に送った国書がそれを表しています。

《日出づる処の天子、書を日没する処の天子にいたす。つつがなきや》

この書簡が表しているのは、中国に対する「対等」の外交姿勢であり、属国ではないという国家としての「自立心」であり、「誇り」です。

古代以来近世まで、東アジアには中国を「華」、周辺国を「夷」とする華夷秩序が存在していました。この体制の中で、周辺諸国は中国皇帝に朝貢することによって中国皇帝の臣下とされ、皇帝から王に任命されていたのです。

韓国・朝鮮の歴代の王朝はもちろん、日本も卑弥呼や倭の五王の時代には、中国皇帝から日本の国王と任命されたという記録があり、冊封国であった歴史があります。

このように周辺諸国が中国に朝貢を繰り返し、冊封を受け続ける中、聖徳太子は出来るだけ対等な関係構築を想い、朝貢はするが冊封は受けないと宣言したのです。

中華という名前の通り、自らの存在を文化の中心とし、その周辺国を東夷・西戎・北荻・南蛮と蔑視していた隋の煬帝に対して、中国皇帝の臣下ではないと宣言したのです。

二十世紀後半、文明論の世界にアーノルド・トインビーやサミュエル・ハンチントンなどの世紀を代表する文明学者たちが、従来の「中華文明圏の構成国・日本」とする説に対して異説を唱えます。

そして今日では、彼らの唱える新しい考察が定説になろうとしています。

彼らは、日本文明を中華文明とは〝似て非なるもの〟と明確に区分したのです。そして、

《日本は、「一つの国で、一つの文明圏をなす」世界でも珍しい存在である》

として、日本文明を世界における独自の一文明と認め、世界は八つの文明圏であると説い

ているのです。

七文明は互いに国境を交えた国同士で構成されているのに対し、日本人は極東の小さな島で一つの文明圏を築いてきたのです。

それを私は、日本人の「よりよく生きるための知恵」と呼んでいます。その「知恵の発揮」が、「一国一文明」を築いてきたのです。

こうした先達の「生きる知恵」を否定もしくは忘却してきたことが、現代日本の姿であり、逆に「生きる知恵」を発揮すれば日本は再建されると信じています。

それでは本題に入ることにします。

第一章　近代日本への歩み

激動の時代

それでは本題に入り、近代日本への歩みを振り返ることにいたします。

江戸末期から太平洋戦争敗戦までは、日本にとって、まさに激動の時代です。この大略一〇〇年間、列強からの迫りくる植民地支配の恐怖を私たちの先達はいかにして撥ね退け、近代国家実現へどのような努力を続けたのでしょうか。

ペリー来航から明治維新、続く日清・日露の戦い、さらに太平洋戦争の敗戦とGHQによる占領統治、そして東京裁判……。

これら幾多の国難を乗り越え、近代国家を実現した先達たちの生き方を振り返ります。

まずは、近世から近代です。

国境を背中合わせに持つ外国とは異なり、四方を海に囲まれ、その海がある意味では要塞となって外国とは戦争らしい戦争はせず、大陸から入ってくる文化を受け入れては、それを日本流に加工して「一国一文明」の中を生きてきたのが私たちの先達です。

その日本に、「日本の国柄」を変えてしまうほどの試練が訪れます。安政元（一八五三）年のペリー来航です。この来航を機に日本は激動の時代に入ります。

鎖国日本にアメリカやイギリス、フランスなどの列強が開国を迫ってきたのです。アジアの大国・清はペリー来航の十年前、アヘン戦争でイギリスに屈服し香港島をとられています。

このように、日本を含めてアジア諸国が列強の植民地になるかもしれない状況の中、二五〇年にわたり諸大名や庶民を統治してきた徳川幕藩体制は、ペリー来航に対して〝攘夷〟を叫ぶばかりで、現実的には何の対応力も発揮できません。ペリーは唐突にやってきたのではありません。ペリー来航の七年前、アメリカはビッドルを使者に交易を求める大統領親書を日本に届けようとしています。

また当時、唯一外交のあったオランダ国王からは、西洋諸国の動向から《日本は開国した方がよい》という意見が既に幕府には伝えられていました。

さらに、ペリーが去った一ヵ月後、プチャーチン率いるロシア艦隊が通商外交の開設を求め長崎に来航するのです。

国内でも林子平が『海国兵談』を著し、佐久間象山が『海防八策』を上申して、開国を迫る外国勢力への対応の必要性を述べ、また渡辺崋山や高野長英が幕府対応姿勢への警告を発していたにも拘わらず、幕府は彼らの意見に耳を傾けないばかりか、《御政道に口を出すケシカラン人間!》として彼らを弾圧するのです。「蛮社の獄」です。

開国を求める列強の脅威が年々高まる中、大老に就任した彦根藩主・井伊直弼は、ペリー来航から五年の安政五（一八五八）年、勅許を得ないままで日米修好通商条約に調印します。この条約は、

国内の外国人を裁判することのできない治外法権、

輸入品の関税を日本自身が決められない、不平等条約でした。

しかも幕府は日米間に続いて、オランダ、イギリス、フランス、ロシアとも同様の条約を結ぶのです。

諸藩の間に屈辱的な条約を幕府が独断で結んだことへの大きな反発が生じる中、井伊直弼は将軍継承問題で対立する水戸斉昭を国許蟄居、一ツ橋慶喜を隠居申し渡しにするなど、反対派を厳しく弾圧します。所謂「安政の大獄」が出来《しゅったい》し、橋本佐内や吉田松陰などが処刑されるのです。

これら弾圧行為に対して有志の危機感は頂点に達し、井伊直弼は水戸浪士らによって桜田門外で殺害され、幕府の威信は地に堕ちます。顕在化している国家の危機に対し、攘夷を叫ぶかと思えば、諸外国に媚びへつらうだけで、何ら有効な手を打てない幕府……。

この事実に憂慮した一部の藩が《幕府、頼みにならず！》と朝廷を担ぎ出します。

これら一連の流れが、尊王攘夷運動から勤皇佐幕の対立、そして国家の将来を見据えた公

武合体論を生み、やがて大政奉還を実現して、世界に類を見ない無血革命・明治維新へとつながっていくのです。

維新実現の原動力は黒船来航に対して〝尊王攘夷〟を叫んだ人たちが、黒船の持つ圧倒的武力という世界の現実に接し、〝尊王開国〟へと舵を切り替えたからです。馬関戦争における長州藩、薩英戦争での薩摩藩の大惨敗が、攘夷論を開国論へと転じさせるのです。薩長両藩は文明開化の緊急性を悟り、これが王政復古の明治維新へとつながるのです。

明治維新を実現したわが国は、近代国家への道を歩み始めます。

明治政府は列強の植民地となることを〝良し〟とせず、「富国強兵」と「殖産興業」を国是に世界の一等国を目指します。列強の存在に接し、真面目で勤勉な日本人の心に「危機感」が生まれ「向上心」が芽生えます。この新しく芽生えた危機感と向上心が、日本近代化への原動力となるのですが、その一方で、日本国民を思わぬ展開へと導くことにもなるのです。

「文明開化」を目指し世界の一等国への道を歩み始めた日本は、維新後三十年足らずの間に清国と、そのまた十年後にはロシアと戦火を交えます。さらに、その三十余年後には太平洋戦争（大東亜戦争）に突入します。太平洋戦争では、全世界を相手に戦うという信じられない行為に出てしまうのです。

幕末から明治・大正・昭和へとつながるこれら一連の行為は、まさしく私たち日本人の持つ「危機感」と「向上心」に基づくものなのです。

帝国主義全盛における日清・日露の戦い

日本人は自らの手で明治維新という政治変革を成し遂げ、近代国家への脱皮を計りました。そこで重要なのは隣国との友好関係です。それが思わぬ方向に進んでいきます。明治維新後の日本の安全と独立は、その朝鮮半島情勢により大きく影響を受けていました。ですから、朝鮮半島の安定が必要だということになります。

ところが隣国・朝鮮は清国を宗主国としており、独立主権国家ではありませんでした。当時の朝鮮では国内で内乱が頻発しており、その都度、宗主国である清国が自軍を派遣して鎮圧していました。当時世界は「帝国主義全盛」の時代です。このような状況では、いつ清国が日本にまで兵を送ってくるかもしれません。

さらに、その清国そのものが、欧米列強による国土割譲の恐怖の中にありました。

わが国は自国防衛の立場から明治二十七（一八九四）年、清国による朝鮮支配を絶つ（朝鮮独立）ために、日清戦争に突入します。

日本はこの戦いに勝利し、下関条約によって「朝鮮独立の確認」を行うと共に、遼東半島と台湾の割譲を受けることになります。ところが、清国と結ぶ講和条約の内容に対してロシア、ドイツ、フランスが反対します。いわゆる「三国干渉」によって、わが国は遼東半島の割譲を断念するのです。

この時、日清戦争における日本の勝利で清国から独立したはずの朝鮮は、三国干渉に屈服した日本を見て侮り、ロシアに擦り寄ります。

事大主義国家・朝鮮は自らロシアによる朝鮮侵略のキッカケをつくってしまうのです。このような朝鮮の動きは、不凍港の獲得を目指して南下するロシアとわが国の関係を一層複雑化させてしまいます。

ロシアは強大な軍事力で満州・朝鮮の支配を狙っており、終着点をウラジオストクとするシベリア鉄道が開通すれば、モスクワから大量の兵站を極東ロシア地域まで輸送することが出来、それこそ日本にとっては国防上の大きな脅威となります。

明治三十七（一九〇四）年、ロシアの南下政策によって日露戦争が始まるのです。

帝国主義とは弱い者いじめです。列強の植民地支配を見れば、一目瞭然です。

日本は、なぜ列強の帝国主義と同様と受け止められる大陸進出の行為に出てしまったのでしょうか。

日清・日露の戦いは、わが国にとって自衛のための戦いであったのでしょうか。それとも欧米列強の植民地支配と同様に、侵略行為と言わなければならない行為だったのでしょうか。

私の拙い知識と理解では、日本には植民地支配への意思などありません。日清・日露までの日本人の行動は、欧米列強やロシアの植民地支配に対する自衛戦争という認識です。

十五世紀から十八世紀にかけての大航海時代、スペイン、ポルトガル、オランダ、イギリス、フランスなどの西欧列強は新大陸を発見、これを次々に植民地にします。

彼らは原住民に対して何をしたのでしょうか。

彼らはアフリカの原住民を奴隷として売買し、バナナや金銀などの産品を自国の権益にしてしまうのです。

十九世紀になると、その植民地支配の恐怖がアジア諸国に向かってくるのです。

列強は、日本とタイを除く、中国、ベトナム、ビルマ、インド、インドネシアなどを既に植民地にしていました。このような世界情勢の中で、もし列強と戦わなかったならば、わが国はどうなっていたのでしょう。

わが国の領土は部分的に割譲され、北海道や九州は列強の植民地になっていたかもしれません。

私には、この時代の日本の指導者たちの判断は、国家の防衛と発展という思考に基づくものであり、極めて妥当なものだと思われます。

世界の歴史の大きな流れを観れば、日清・日露の戦いは世界列強の植民地支配に対する自衛戦争であったと言っても、大きな反論はないでしょう。

有色人種が白人支配に勝利した日露の戦い

列強の植民地支配の恐怖が迫る中、わが国は「自存自衛」という国家の威信をかけて日清・日露の戦いに臨むのですが、他国はどうでしょう。

当時、日本を除くアジア諸国の多くは列強からの迫りくる植民地支配の恐怖を感じるにも拘わらず、自らの努力で恐怖を払拭しようとはしません。列強と対峙することを避け、言わば、惰眠を貪り続ける状態に甘んじていたのです。

そのような状況の中、独立自尊の精神を捨てない日本は、江戸幕府が列強との間で結んだ不平等条約の撤廃を目指します。日本人には、列強から劣等国と見下される屈辱には耐え難いという「誇り」がありました。

日清戦争直前には激しい外交交渉の末、条約撤廃に最も反対していたイギリスとの間で、治外法権を撤廃、関税自主権を認めさせるのです。

不平等条約を撤廃し、文明国への道を歩み始めたわが国は、その証として、国際法の順守に努めます。明治三十三（一九〇〇）年の北清事変における柴五郎をはじめとする日本軍の規律ある行動に対して、世界は称賛します。

この事実に触れ、それまで有色人種を劣等民族として蔑視していたイギリスは日本を観る目を変え、明治三十四（一九〇二）年には軍事的義務を伴う日英同盟締結に至ります。この日英同盟締結が日露戦争における日本の勝利に大きく貢献することになるのです。

そして明治三十七（一九〇五）年、日露戦争の勝利により、日本は幕末に諸外国との間で井伊直弼が結んだ不平等条約を完全に撤廃します。

この不平等条約の撤廃によって、日本は独立主権国家として、列強との間で「対等の関係」をつくることに成功するのです。

明治政府は、大略五十年の歳月をかけ、国家の悲願ともいうべき不平等条約の撤廃を実現するのです。明治政府の「自立」した国家、「誇り」ある国家への熱意の表れです。

日露戦争の勝利は、歴史上、はじめて有色人種が白人支配に勝利した戦いとして世界の注目を集め、諸外国からの日本という国家を観る目を変えさせることになります。

このように明治の先達は、次々に生じる国家存亡に関わる危機を克服していくのです。危機克服の原動力は危機感と向上心に基づく日本人の知恵です。

独立主権国家という存在を護るために、国民全員が必死になって知恵を絞り出し、激動の時代を生きてきたのです。

明治政府は近代国家づくりのために「脱亜入欧」という言葉の通り、欧米文化を積極的に取り入れてきました。しかし、唯々やみくもに取り入れたのではありません。

外国からの文物を取り入れるにあたっては、慎重に事を運ぶのです。

日本という国の「成り立ち」や「歴史」を考える時、深い思索なしに、その時々の世界の潮流に簡単に乗ってしまっては、国家にとって大きなマイナス要因を生むという危険性を先達は自覚していたのです。

ここにも、「自立」した国家実現に向かっての日本人の知恵があります。

中国から様々な文物を取り入れた奈良・平安の時代には「和魂漢才」、また文明開化が国是であった明治時代には「和魂洋才」という生き方をするのです。

これらの言葉が表すように、「漢才」や「洋才」、つまり外国の文物の吸収にあたっては、「和魂」、つまり日本の「伝統」や「歴史」から生み出された思想や価値観によって、不完全ながらも、歯止めをかけるというチェック機能を働かせます。

私たちの先達は、このように知恵を働かせることによって危機を乗り越えてきたのです。

太平洋戦争（大東亜戦争）への道

続いて、太平洋戦争について考えてまいります。

太平洋戦争とは、アメリカやイギリス、ソ連などの連合国と日本との戦争を指すのですが、実は「日中関係」が介在しています。当時の日中関係を抜きにして、太平洋戦争を語ることはできません。それほど太平洋戦争には、日中関係が大きく影響を及ぼしているのです。

明治三十七（一九〇五）年の日露戦争終結から、昭和十六（一九四一）年の太平洋戦争開戦までに三十六年、そして昭和二十（一九四五）年の終戦までに四十年の歳月が流れています。

この四十年の歳月は、日本が列強としての存在を維持できるかどうかが問われた、まさに試練の時代だと言わなければなりません。

西欧列強によるアジア諸国への植民地支配の波が押し寄せる中、国際社会には、日本の国力、とくに経済力と外交力が問われる世界的な難題が続出します。

・ロシア革命による共産主義国家・ソビエト社会主義連邦共和国の誕生
・ソ連誕生後のコミンテルンによる世界共産革命（欧州・インド・中国）工作
・コミンテルンの影響を受けた日本における大正デモクラシーの登場
・アメリカ発の世界恐慌
・世界恐慌を受けてのアメリカをはじめ世界の要国のブロック経済化
・辛亥革命による清朝の消滅と国民党政府の誕生
・国共合作による中国統一への動き

これら世界規模での難題の発生は、日本にとっても対応如何によっては、国家の存立を左右しかねない極めて重大なものなのですが、当時の日本には、それ以上の難題が存在していたのです。それは泥沼化した「日中問題」です。

中国とどう付き合っていけばいいのか、これが日本にとってまさに死活問題だったのです。政府も軍部も解決策を見い出すことができず、日本は泥沼化する「日中対立」を引き摺り続けて、太平洋戦争に突入していくのです。

当時の日本の歩みを振り返ってみましょう。

「太平洋戦争の原因」に「日中問題」あり

日清・日露の戦いに勝利し、第一次大戦の戦勝国となった日本は、世界列強の一国に数えられるようになりました。その結果、台湾の統治に続き、朝鮮を併合、南満州鉄道の経営権を得たわが国は、自国防衛の見地から次第に大陸への進出を強めていきます。

この日本の大陸進出が、日中間の対立を深めていくのです。

中国側から現地日本人に対して頻繁に行われる暴行や虐殺などの挑発行為、その一方で、居留民保護のために行われるそれら挑発行為に対する現地日本軍の抗議や反撃……、これら両国の動きがどんどんエスカレートして泥沼に陥り、昭和六年から翌七年（一九三一年〜一九三二年）にかけて満州事変が勃発、続いて満州国建国となり、昭和十二（一九三七）年には、実質、日中間の戦争である「シナ事変」にまで発展してしまうのです。

大陸における日本の動きは、わが国と同様、大陸に利権を有するアメリカ、イギリスやフランスなど、世界の列強との関係をも悪化させていきます。列強は日本の大陸進出を植民地支配への野望と観るのです。その野望の実現を阻止するために、アメリカやイギリスは日本への石油禁輸などの経済制裁を行うだけでなく、日中両国に対して中立であるべき立場を捨て、蒋介石率いる中国・国民党軍を支援するのです。

このため中国大陸では、列強からの支援を受ける蒋介石の国民党軍と何年にもわたって日本は戦うことになります。一向に改善の兆しを見い出せない「日中関係」、その状態の中で行われるアメリカやイギリスによる蒋介石支援。さらに連合国は「ＡＢＣＤ包囲網」を策定するだけでなく、日本軍の「中国・仏印からの無条件撤退」を求めるという挑発を続けます。日本は、これら連合国側の度重なる挑発行為に堪えかねて、昭和十六年十二月、「日中対立」を引き摺ったままの状態で、ついに「太平洋戦争」へと突入していくのです。

このように、日本にとって「太平洋戦争の原因」は中国大陸におけるアメリカとの利害衝突なのですが、その元を辿れば、「日中問題」に行き着きます。「日中関係の泥沼化」が、「太平洋戦争の原因」へとつながっていくのです。

熾烈な世界に巻き込まれた日本は満州国を建国

他にもう一つ重要な原因があります。それは、「日本人の心の問題」です。

幕末から明治維新、そして日清・日露の戦いの中で、日本国民は「変化に対応」するため様々な知恵を考え出し、国の近代化に努めてきました。「真面目」で「勤勉」な日本国民の「知恵と努力」が国家を発展させてきました。

ところが日露戦争の勝利が、その後の日本国民の心の中に意外な変化を生じさせます。世界諸国のどこも予想しなかった大国・ロシアに対するわが国の勝利が、勤勉で真面目な日本国民を弛緩させ、苛烈な世界の現実を冷静に見る目を奪っていくのです。

その結果、わが国の外交も軍事も次第にリアリズムを失っていきます。

変化は日本人の思考や行動に徐々に現れます。日露戦争勝利の翌年・明治三十九(一九〇六)年の「満鉄経営」の開始、続く明治四十三(一九一〇)年の「日韓併合」、そして、第一次大戦中の「対支二十一ヵ条要求」、さらに、昭和の時代に入っての「満州国建国」などに、日本人の心の変化が現れてきます。一向に解決策を見い出せない「日中対立」が、日本人の心に変化を煽るのです。

当時の日本には植民地支配の意図などなく、あくまでも自存自衛の考えのもとに行われた大陸進出ですが、「日中対立」を背負ったままの状態で展開する大陸での日本軍の行動は、年限を経るに従い、帝国主義的色彩を強めたものになっていきます。

そのような状況の中での満州事変、続く満州国建国は日本の侵略なのでしょうか。

中国側は《武力で他国の土地に傀儡政権を創った行為は「侵略」》だと日本の満州国建国

を糾弾するのですが、日本が「侵略」という明確な意図を持っていたのではなく、ほとんどが当時の国際情勢に対する自衛的措置からなされたものです。

昭和二（一九二七）年の南京事件や漢口事件、続く昭和三（一八二八）年の済南事件、さらには昭和六（一九三一）年の中村大尉惨殺事件など、中国側からの様々な挑発行為が続く中、わが国は戦争不拡大の方針の下に日本軍がその任に当たるのですが、結局、日本は昭和七（一九三二）年に、「満州国」を創ってしまうのです。

当時の満州は日本の生命線とされ、国際的にも日本がその権益を守るのは当然の事とされていました。権益確保のために展開される大陸での関東軍の行為自体も「侵略」ではなく、『北清事変議定書』や『ポーツマス条約』といった国際法に基づく合法的な措置だと認識されていました。

このように合法的に大陸進出をしている日本に対して、中国側からは、既述の如き執拗な反日・侮日的行為が繰り返されるのです。

そしてさらに、見落としてはならない重大な事があります。それは、当時の中国東北部（満州）は軍閥が入り乱れての無政府状態であり、国家の体をなしていない状況にあったということです。

無政府状態ならば、紛争当事国に国際法の順守は期待できません。国際法が順守されないこのような状況に置かれれば、自分の身は自分で護るための武力行使は当然です。

満州事変とは、日露戦争で日本が得た正当なる利権を中国人が侵害し、満鉄付属地や在留邦人に危害を加えるに至ったため、既得権防衛と居留民保護を目的に生じたものであり、これを日本の「侵略」とするのは正しい見方ではありません。

満州国建国とは、日本人、漢人、朝鮮人、満州人、蒙古人からなる「五族協和」の下に、「王道楽土」、つまり、西洋の「覇道」に対する「王道」をアジアの政治体制とするという理想を掲げて建国したものです。満州国は当時、世界の独立国の大略三分の一（二十ヵ国）から国家として承認されるのです。

私たちの先達が未開の荒野に人口四〇〇〇万人以上の国家を建設したことは、それが十三年の夢で終わってしまったとしても、意味のあることであり、決して「侵略」と呼ぶようなものではないのです。

「アメリカの対日政策」が戦争の引き金に

話を太平洋戦争に戻しましょう。

戦争は勝者と敗者を生み出します。結果として、戦勝国と敗戦国の区別は明らかです。しかし、戦争原因は明確ではありません。戦勝国の行為は常に正しくて、敗戦国が戦争原因の全てをつくり出していると断定することはできません。

日米両国間には当然の事ながら、太平洋戦争に対する考えの相違があります。あの戦争をどう呼ぶのか、アメリカが呼称する「太平洋戦争」と呼ぶのか、それとも、かつて日本が呼称していた「大東亜戦争」と呼ぶのか、この呼称の相違だけでも、あの戦争に対する日米両国の考え方の大きな違いがあるのです。

国際社会では、いかなる戦争も片方の当事国だけが戦争原因の全てをつくり出すのではありません。武力行使に至るまでの外交交渉、そして、その外交交渉によって誘発される挑発行為も、戦争の大きな原因となることを見落としてはなりません。

太平洋戦争も様々な挑発行為から始まっています。

アメリカを中心とする連合国は、東京裁判で《太平洋戦争の原因は全て日本側にあり！》と日本を断罪するのですが、当時の日本にすれば、連合国側、とく「アメリカの対日政策」に対する大きな不信感があったでしょう。

対日政策の主たるものを取りあげてみましょう。

・第一次大戦後の「ワシントン条約」や「オレンジ計画」の策定、
・「日英同盟」廃止への圧力や「排日移民法」の制定
・太平洋戦争の直接的な引き金となる「ABCD包囲網」の策定
・日中両国に対して中立であるべき立場の米英両国が行った援蒋ルートによる「蒋介石支援」
・ルーズベルト政権が派遣した航空隊（フライング・タイガース）による中国戦線での「日本軍攻撃」
・戦争回避のために行われていた日米交渉での最後通牒とも言える、日本軍の中国・仏印からの無条件撤退を求める「ハル・ノート」の提示

これらは連合国側の外交の一部であり、そしてまた、日本への挑発行為でもあります。これらの挑発行為が戦争の原因です。日本は連合国側の挑発に乗ってしまったのです。とくにABCD各国（米・英・中・蘭）による経済封鎖は深刻です。これさえなければ、日本の南方進出の必要性はなく、わが国が領土的野心を疑われることはなかったでしょう。

アメリカを中心とする連合国側の採った政策とその背景を考える時、私は、日本だけを一方的に侵略者とする東京裁判の判決には納得できないものを感じてしまいます。

日本が国家意思として、侵略による植民地支配を目指したことはありません。しかし、日中戦争、太平洋戦争の過程で、戦略・戦術の誤りや中央の統制を無視する一部軍部の動きによって、侵略と受け止められかねない行為に及んだことは認めなければなりません。

果たして日本は侵略国家だったのだろうか

三年八ヵ月に及ぶ太平洋戦争は、日本の敗戦で終了します。

太平洋戦争の敗戦は、日本人の生き方にとって大きな転換期となりました。今日を生きる日本人は、あの戦争をどのように捉えているのでしょう。《日本は侵略国家》という外国からの批判を一方的に受け入れるだけでは、将来への問題解決にはなりません。

わが国が二度と戦争の惨禍を招かないためには、あの戦争に対する様々な分析を行い、全世界相手の戦争突入原因は何だったのか、日本国民としての考えを持つことが必要です。連合国の《戦争原因は全て日本にあり!》とする説には、私は賛同することができません。

国際社会における戦争原因は、当事国の片方だけがつくり出すのではありません。

戦争当事国双方は、それぞれが自国の行為で何らかの戦争原因を生ぜしめているのです。

ですから、今日、わが国を覆っている《全ての戦争原因は日本にあり!》とする「東京裁判史観」に頼るだけでは、将来に向かっての問題解決にはなりません。日本国民があの戦争に対する本格的議論をし、国家としての考え、つまり、日本人としての「歴史認識」を持たなければならないのです。

《戦争の原因は何だったのか》
《その戦争原因はなぜ回避できなかったのか》
《再び過ちを繰り返さないためには何が必要なのか》

について議論し、その結果として、日本人としての客観的な視点に基づく公平な「歴史認識」を形成することが二度と戦争の惨禍を招かないための必須事項なのです。

日本の〝侵略行為〟を巡っては、各当事国には当事国としての意見・主張があります。その意見や主張が、それぞれの国の「歴史認識」を形成しています。「国柄」も「精神性」も異なるのですから、当事国には当事国としての主張や言い分があって当然です。

そして、これまた当然の事ですが、わが国にも必ず主張や言い分があるはずです。いや、独立主権国家として主張や言い分を持たなければなりません。日本国家としての冷静かつ客観的に検証された「歴史認識」を持つことが日本国民としての反省をもたらし、また将来に向かっての外交の在り方や戦争回避策の構築にもつながるからです。

国家の指導的立場にある人間は、侵略行為をなしたとして情緒的謝罪を繰り返す前に、連合国側の主張する「太平洋戦争史観」（全ての戦争原因は日本にあり）だけに捉われるのではなく、もっと多角的な視点から観た自国の「歴史認識」を国民に提示しなければなりません。

東京裁判による「自虐史観」だけがわが国の「歴史認識」であるとするならば、日本人として、日本国家として、あまりにも尊厳がなさ過ぎます。

それでは、将来へ向けての何の解決策にもなりません。

各国の歴史認識は自由、ただし外交にはルールがある

国家は自国の「歴史認識」を持たなければならないのですが、ここに大切な事があります。何れの国家にとっても、自国の「歴史認識」の形成は大切な事なのですが、その際に留意しなければならない事があります。国際社会の構成国として、理解しなければならない極めて大切な事があるのです。

いかなる「歴史認識」を持とうが、それは、それで、その国の自由です。

しかしその際、自国の主張する「歴史認識」は《その国独自のものであって万国共通のも

のではない》という理解が必要です。「国柄」も「精神性」も異なる戦争当事国同士が共通の「歴史認識」を持つことは不可能です。

だから、良好なる外交関係を望むのであれば、国際社会では自国の「歴史認識」だけで外交をしてはならないのです。

そして、平和条約（基本条約や友好条約）締結後には、外交の場にそれを持ち出してはならないのです。この国際社会の構成国としての基本を守らなければ、諸外国との間で友好的な外交関係を結ぶことはできません。

一つの例を挙げましょう。

戦後七十年の今日に至るも、中国・韓国・北朝鮮の近隣三国は、日本を「侵略国家」として糾弾し続けています（日本は中国との間では戦争をしましたが、韓国・北朝鮮とは戦争をしていません。この二国は日本と共に戦ったのです。日韓併合による日本の朝鮮支配が続く中、一九一九年設立の大韓民国臨時政府が蒋介石の中国・国民党軍と共闘して抗日闘争を繰り拡げましたが、これは日本と韓国の正式な戦争ではありません。彼らは、中国共産党軍とも戦っています）。

昭和二十七（一九五二）年、サンフランシスコ講和条約の発効でわが国は主権を回復します。独立主権国家となった日本は、十三年後の昭和四十（一九六五）年、韓国と『日韓基本条約』を結び、また昭和四十七（一九七二）年には、中国との間で『日中共同声明』を発表、そして昭和五十三（一九七八）年には、『日中平和友好条約』を締結します。

これらの条約締結で日本は中韓両国との国交を回復し、過去を清算するのです。仮に、当時の日本の行為が侵略であったとしても、これらの条約締結によって外交上、韓国・中国と日本は戦争（植民地支配）という過去を清算したのです（ただし、民族としての心情的問題は別です。民族感情は残ります。戦争がもたらす民族感情に基づく諸問題は残りますが、何れの国家においても講和条約締結後には、それら心情的問題はあくまでも内政問題として解決しなければなりません。それが講和条約を結ぶ意味なのです）。

講話条約締結後は過去を蒸し返してはいけない

終戦後一定期間をおき、戦争当事国同士が平和条約を締結し未来志向の両国関係構築を目指すのが、今日における国際社会のルールであり、なされるべき戦後処理です。

平和条約の締結とは、《双方の国に「歴史認識」の相違はあっても、お互いに、これ以上、過去は問わない。未来に向かって友好的に付き合っていこう》と約束することです。

そうしなければ、地球上に存在する国家は一度でも戦争当事国となれば、永久に相手国への怨念を背負って生きていくことになり、それでは国際社会が成立しなくなるからです。

ところが条約締結から今日に至るも、中韓両国は過去の「南京大虐殺」や「従軍慰安婦」に「宗氏改名」、また「靖国参拝」や「教科書問題」などのテーマを外交の場に持ち出し、彼らの「歴史認識」を武器に日本を糾弾し続けています。お互いに国際社会を構成する主権国家として、甚だ残念な事だと言わざるを得ません。

とくに韓国・朴クネ大統領による次の発言は異常です。

《被害者と加害者の心情的立場は、一〇〇〇年経っても変わらない》

講和条約締結の意義を理解していません。この発言が韓国国内でなされている限りにおいては、国内問題として自由ですが、その発言が国際社会に向かって外交メッセージとして発せられるならば、問題は別です。一国の指導者がこの区別も解らないのであれば、国家間の良好な外交関係の構築は困難です。

朴クネ大統領は、昭和四十（一九六五）年締結の『日韓基本条約』（日本の韓国に対する経済協力・韓国の日本に対する一切の請求権放棄）の意義、そして《日韓間のあらゆる請求権問題は完全、かつ最終的に解決済み》とした『日韓請求権協定』の存在をお忘れではないのでしょうか。

平成二十七年十二月、慰安婦問題に関して日韓両政府は、一定の条件の下に〝最終的、かつ不可逆的に解決された〟とする政治決着を図りましたが、韓国政府が「挺対協」を中心とする反日世論を説得することができるのかどうか大きな疑問が残ります。

一方の中国は、昭和四十七（一九七二）年、『日中共同声明』で、日本に対する戦争賠償請求権の放棄、そして日中間の主権、領土の相互不可侵、および内政に対する相互不可侵を謳い、日本との国交回復を実現します。

戦争の歴史が多かったヨーロッパでは、講和条約締結後に自国の「歴史認識」を武器に戦争相手国を糾弾して、外交問題にまで発展させるような国家はありません。それぞれの国家が、講和条約締結の意味とその重要性を理解しているからです。

日本も明らかな国際法違反であるアメリカの原爆投下や無差別爆撃、また終戦後のソ連による邦人捕虜の強制労働に対し、外交上、謝罪を求めたり糾弾することはありません。日本はアメリカ・ソ連とも国交を回復し、未来志向の両国関係の構築を目指しているからです（日ソ両国間では、北方領土問題の存在で未だ平和条約締結には至っておりません）。

第二章　終戦、そしてＧＨＱの占領統治

占領統治下で国家主権を失った日本

昭和二十年（一九四五）年八月、太平洋戦争の終盤、わが国はポツダム宣言を受諾して、連合国に対して降伏をします。終戦を迎えるのです。その結果、敗戦国・日本は連合国軍総司令部・ＧＨＱの「占領統治」下におかれることになります。

ペリー来航の江戸末期から第二次大戦に敗れる昭和の中頃までは、わが国近代化の道程と言えます。その近代化の道程の中で、ＧＨＱの占領統治は「日本という国家の在り方」に、また、「日本人としての生き方」に対して真に大きな影響を与えるのです。

約七年間にわたる占領統治を受けて日本国民には、まるで別の民族に生まれ変わったかのような変化が現れます。その変化は、昭和を経て迎えた平成の今日においては、「日本の国柄」と「日本人の精神性」を崩壊させてしまうほどの大きなものになっているのです。

戦後の日本人が経済的繁栄しか考えない人間（言い換えれば、日本人としての魂を抜かれた精神的弱者）になってしまった大きな要因の一つ、それがＧＨＱの占領統治です。

連合国軍総司令官・マッカーサーの来日で始まる占領統治ですが、目的は「民主主義国家・日本の建設」です。ＧＨＱは目的実現のため「民主化」と「非軍事化」を二大方針とし、「憲法改正」に「教育基本法制定」、そして「財閥解体」や「農地解放」、さらに「治安維持法の廃止」、「婦人参政権の容認」、「労働組合の設置容認」など、日本社会の民主化・近代化を指導していきます。

そもそも占領統治とは、いかなるものなのでしょうか。

国際社会の中で戦争がなくならない限り、占領統治というある種の国家運営もなくなりはしないでしょう。占領統治を一言で表現すれば、一定の期間、戦勝国が敗戦国の国家主権を取りあげて、自らの政策に従わせるということです。

ただし、敗戦国への占領統治に際しては、戦勝国に対する「歯止め」が存在します。

戦勝国はその立場を利用して、敗戦国に対して何をやっても許されるというものではありません。国際法の世界では、勝者が敗者を統治するに際してのルールが決められています。

戦争に明け暮れていた往時のヨーロッパでは、所謂「三十年戦争」終結後の一六八四年、それぞれの国が戦争に関する英知を出し合い、『ウエストファリア条約』を結びました。

この条約には《戦勝国は戦争で占領した国の憲法、宗教、文化、言語を変えてはならない》と規定されています。また一九〇七年に結ばれてアメリカも日本も批准した『ハーグ条約・四三条』は、《占領者は現地の制度や法令を変えてはならない》と謳っています。

太平洋戦争の戦勝国・アメリカの日本統治はどうでしょうか。

占領統治に際しての先人の叡智である『ウエストファリア条約』の精神を尊重しているのでしょうか。また自らも批准した『ハーグ条約・四三条』を順守しているのでしょうか。

これらの観点から、アメリカの日本に対する占領統治政策を観ていきます。

占領統治に隠された「日本人精神的弱体化」政策

日本の民主化を指導するＧＨＱには、もう一つ別の目的がありました。

《新興実力国・日本をして二度と西欧列強に刃向かってこられない骨抜国家にする》という目的です。

「民主主義国家・日本の建設」という占領統治目的は表向きのものであり、その裏側には「日本人の精神的弱体化」という大きな別の狙いを持っていたのです。

太平洋戦争で日本は連合国軍によって、言わば肉体を叩き潰されたのですが、彼らの目的はこれで終わりではなかったのです。彼らは日本人の精神を完全につぶして、日本人を腰抜け人間にしてしまうという恐ろしい別の目的を持っていたのです。

精神的弱体化に最も効果的なのは、その民族の「伝統精神」・「伝統文化」の否定です。GHQは裏の目的、つまり「日本人の精神的弱体化」実現のため様々な政策を実行します。
彼らの政策を具体的に振り返ってみましょう。
「東京裁判」で日本人に自虐史観を植え付け、
「教育勅語」を廃止して日本人の持つ伝統的価値観を失わさせ、
「神道指令」で靖国神社を戦争の根源とし、
日本国民に自国の歴史と伝統を教えることを禁じる『国史』『修身』『地理』の三教科の「授業中止」を命令し、
さらに交戦権放棄を謳う「占領憲法」を押し付けました。

これだけでは終わりません。はては万世一系の国体の維持にも係わる「皇室典範」の改悪、つまり「宮家の廃止」を指示するのです。
当時、十四あった宮家は十一が「臣籍降下」となり、皇族としての身分を廃止され、宮家は昭和天皇の兄弟である「秩父宮」「三笠宮」「高松宮」三家に限定され、皇位継承者が減っていきます。マッカーサーは天皇制存続の決断をする一方で、将来的には万世一系の否定につながる宮家の廃止を指令するのです。

このままの状態が続くのであれば、二〇〇〇年の歴史を持つ男系男子による万世一系の国体維持は極めて困難です。となれば「皇室典範」の改正問題も出てくるでしょう。

GHQによるこれら一連の政策は、敗戦国の国家制度を根本的に変えさせるためのものであり、とても『ウエストファリア条約』の精神を尊重したものとは言えません。また、自ら批准した『ハーグ条約・四三条』にも明らかに違反しています。

このようにGHQは、私たち日本人が先達から引き継いできた「伝統精神」・「伝統文化」を悉く否定し、日本社会における日本人らしい日本人の輩出を阻止しようとするのです。

自国の伝統的価値観を否定され続けて、今日を生きる日本人の心の中には、ポッカリと大きな空洞が空いたまま、戦後七十年の年月が経過してしまいました。

残念ながら日本人の多くが、GHQ指導の「民主化」と「近代化」政策にどっぷりと浸かってしまい、国防や安全保障、さらに教育という独立主権国家にとって極めて大切なテーマから目をそむけ、逼迫する危機回避への知恵を働かせようとはしなくなってしまったのです。

戦後日本人変容の三根源

ＧＨＱが実施した様々な政策の中で日本人の変容、つまり戦後日本人の心を「経済的繁栄」と「自由と権利の追求」だけに向かわせ、「国家・社会の在り方」に関心を持たせなくすることに大きく貢献したのは、序章「戦後日本が抱え込んだ国家的ツケの三項目」の中で触れました「日本国憲法の制定」、「東京裁判の主導」、「教育勅語の廃止」の三項目です。

これら三項目が、戦後日本人を大きく変容させるのです。

今日を生きる日本人の多くは、個人の「自由と権利」を大きく叫び、また自らの「物質的生活」の充実を最優先に考える結果、これら三項目に内在する、「欺瞞性」や「不合理性」、また「非現実性」を正そうとはしません。戦後日本人の平和ボケの始まりです。

このままの状態が続くならば、いくら経済的繁栄を誇っても日本人は、《自分の生き方を自分で決められない哀れな民族！》、《国家観や伝統的価値観の喪失が招くものを予測できないノー天気な国民！》として、世界の国家から軽蔑されてしまうでしょう。

私たち日本人が日本人としてのアイデンティティを失い、ＧＨＱに洗脳され続けたまま個人の「自由と権利」を必要以上に叫び、己の「快適で便利」な生活だけをどこまでも追及する生き方を続けるならば、いずれ、わが国にはモラルの低下と共に人材の枯渇が生じ、それが国力の衰退を招き、経済的繁栄にもストップがかかることは他言を待ちません。

いや、もう既に国力の衰退は始まっていると言わなければなりません。

「失われた二十年」という形で経済的繁栄にも、国力衰退の影が忍び寄っているのです。（国力を表す一つの指標であるＧＤＰは、この二十年間、五〇〇兆円を境に僅かばかりの上下を繰り返すだけです。二十年間での成長がゼロなのです。先進国の中でこのような国はありません）

「失われた二十年」という表現は、主にバブル経済の崩壊から平成の今日に至るまでの、わが国経済活動の停滞を示すものですが、実は、「失われた二十年」は経済活動の停滞だけではありません。

日本人は戦争放棄と非武装国家を謳う「日本国憲法の制定」により『自立の心』を失い、「東京裁判による自虐史観の無定見な受け入れ」によって民族としての『誇り』を失い、「教育勅語の廃止」によって日本人としての『伝統的価値観』を失ってしまったのです。

「経済的繁栄」と「自由と権利」ばかりを追い求める戦後日本人は、日本民族としての大切な価値の喪失に気付くことがありません。

日本民族としての護るべき価値の喪失に気付かない日本人は、『日本国憲法の平和主義』、『東京裁判に発する自虐史観』、そして『教育勅語の廃止』、これらに内在する「欺瞞性」や「不合理性」、そして「非現実性」を正そうとはしません。

GHQは学校教育で『国史』『地理』『修身』を廃止

GHQの指導によって、わが国の「民主化」・「近代化」が進展します。

ところが、この進展と並行して残念な事が生じるのです。長期的観点に立てば、国家の将来にとって憂うべき現象が出て来ます。

わが国の「伝統精神」・「伝統文化」の崩壊です。

なぜ、私たちの先達が大切に護ってきた「日本の伝統的価値観」が崩壊するのでしょう。その原因は、「日本人の精神的弱体化」に向けて行われるGHQの洗脳政策です。GHQは日本の民主化を進める一方、隠された狙い実現のため日本人の洗脳に集中します。

精神的弱体化へ最も効果的な政策は、民族の持つ「伝統的価値観」を解体することです。

昭和二十（一九四五）年十二月、GHQは学校教育での『国史』『地理』『修身』の廃止を指令します。

『国史』の廃止には、一国一文明によって育まれてきたわが国の「伝統精神」・「伝統文化」の否定、つまり、祖国を愛し、皇室を敬い、公に尽くす精神を日本人から捨てさせる狙いがあります。日本人をして、自国の成り立ちや歴史に関心を持たず、民族としての誇りを語れないような日本人にしようとしたのです。

『地理』の廃止には、世界地図を観れば列強による後進国への侵略支配、それと日本のアジアや中国への植民地支配の相違が明らかになります。それを隠す狙いがあるのです。

『修身』の廃止には、《嘘を言ってはならない！》、《卑怯な事はしてはならない！》、《弱い者いじめはしてはならない！》という、これまで私たちの先達が実践して日本人らしい日本人輩出の根幹となった「伝統精神」・「伝統文化」を捨てさせる狙いがあるのです。

これら三教科の廃止には、教育を通じ《戦前日本の在り方を全否定し》、《戦後の日本社会に日本人らしい日本人を輩出させない》というＧＨＱの狙いが存在しているのです。

『国史』と『地理』の授業はやがて再開されるのですが、『修身』は今日に至るも復活されることはありません。彼らが最も解体をねらったのは、『修身』を学ぶ日本人の「公重視」の生き方だったのです。

言論統制による日本人への洗脳工作

日本人への洗脳工作は、教育だけではありません。

GHQは検閲などの言論統制を行い、日本人への洗脳工作を徹底します。占領後まもなく、彼らは新聞、雑誌、放送、映画などに厳しい言論統制を実施するのです。これは、終戦以前から計画されていた『WGIP』（ウォー・ギルド・インフォメーション・プログラム）という日本人への罪意識扶植計画に基づくもので、その狙いは日本の歴史と伝統を否定することで、日本人の持つ「伝統的価値観」を消去させてしまおうというものです。

また、GHQは『太平洋戦争史』という宣伝文章を作成し、これを日本の歴史教科書として使わせるだけでなく、自分たちで作った『真相はこうだ』・『真相箱』といった番組をNHKラジオで一年間近くにわたって放送させます。

その内容は、満州事変から終戦までの日本軍国主義者の行動を欺瞞と背信に満ちたものとして、日本国民に植え付けるためのものです。戦争に突き進んだのは日本の軍国主義者たちであってアメリカではない、という日本人への洗脳を徹底させるためのものです。
この洗脳工作が単細胞の日本人に大きな影響を与えることになります。

そしてまたGHQは、自らが制定に関与した日本国憲法第二十一条に「集会・結社・表現の自由、検閲の禁止・通信の秘密」を規定しておきながら、彼ら自身は厳しい〝検閲〟を行い、日本人の「言論・表現の自由」を抑圧します。

とくに日本国憲法の制定過程に関する記述、また東京裁判に関する批判めいた言論と文字表現の一切は、削除、もしくは掲載禁止・発行禁止とするのです。

さらにGHQは、彼らの目指す政策遂行の障害となる二十万人以上の日本人を公職追放とし、その穴埋めとしてマスコミ、教育界、言論界に、わが国の「伝統精神」・「伝統文化」に理解を示さない左派、共産主義者を着任させます。

GHQのニューディーラーたちによって、この時期のわが国は、まるで社会主義国家建設の実験場にされた観があります。

様々な洗脳政策の結果、日本国民の中にGHQの狙い通り、国家と個人の存在を対極にあるものとする左翼思想が生まれ、やがて大きな勢力へと発展していくのです。

平成七（一九九五）年に公開された米国の機密文書によれば、当時のルーズベルト政権内には三〇〇人を超すコミンテルンのスパイが潜入していたと記されています。日本の世論を戦争へと?き立てる一因となるハル・ノートの起草者であるハリー・ホワイトもその一人だとされています。

国家と国民を常に対立軸で考える彼らの思想は、当然の事ながら、「公重視」からなる、わが国の「伝統的価値観」を否定します。とくに教育の世界では、日本国家としての「国柄」、日本民族としての「精神性」を否定する人たちの出現によって、戦前の制度や考え方は全て悪とされ、その後の国家変貌の大きな原因がつくられていくのです。

「私」と共に「公」をも大切にするというわが国の「伝統精神」・「伝統文化」の崩壊は、「日本人の精神性」を大きく変えてしまいます。GHQの隠された狙い通り、わが国の「民主化」・「近代化」進展の陰で日本人の「精神的弱体化」が拡がっていくのです。

さらに残念な事には、これらGHQの占領政策を応援する日本人も現れます。戦後の論壇を席巻した所謂進歩的知識人と称される人たちです。彼らは、終戦までの日本への飽くなき批判を繰り返すだけでなく、戦後においても左翼的立場に立って、わが国の歴史学会・教育学会・憲法学会をリードしていくのです。

ＧＨＱの狙い「日本人の精神的弱体化」の実現

占領統治は、昭和二十七（一九五二）年、サンフランシスコ講和条約発効で終了します。日本は独立するのです。しかし恐ろしい事に、ＧＨＱの隠された狙いは主権回復後七十年近い歳月が経過した今日の日本社会においても、彼らの思惑通りに実現しています。「日本の心」を忘れた日本人の登場として、日本社会に実現しているのです。

約七年間の占領統治を受けて、日本は対米従属の国になってしまいました。国際社会を構成する独立主権国家であるはずの日本に、今でもアメリカの狙いが存在し続けています。彼らの狙いは今や、わが国の最大特徴である「一国一文明」をも崩そうとしています。アングロサクソン民族が得意とする長期的国家戦略が実っているのです。

彼らの狙いは次のような形で、今日の日本社会の中に実現しています。

①マッカーサーの占領政策・「宮家の廃止」に発する「万世一系の天皇制」を否定する《女系天皇容認論》の出現として

②マッカーサーの占領政策・「神道指令」に発する「自然崇拝・祖先崇拝からなる神道」

に何の関心も持たない《宗教観なき日本人》の誕生として

③マッカーサーの占領政策・「教育勅語の廃止」に発する《国家観なき日本人》の誕生として

④マッカーサーの占領政策・「教育基本法の制定」に発する「自由と権利のあくなき追求」による《公私の区別を忘れた自己中心主義者》の誕生として

⑤マッカーサーの占領政策・「伝統精神・伝統文化の否定」に発する《アメリカ型新自由主義者》の誕生として

ＧＨＱの洗脳によって、日本人は『自立の心』と『誇り』と『伝統精神』を失ってしまいました。「危機感」と「向上心」をどこかに置き忘れてしまったのです。「国家観」も「宗教観」も持たない日本人、物質万能主義の日本人になってしまったのです。

ＧＨＱの狙いは今日の日本社会に確実に実現しています。

民主主義がもたらす「自由と権利」意識に守られ、物質的向上による「便利で快適な生活」に麻痺してしまい、日本人の多くがＧＨＱによってなされた日本民族への「精神的骨抜政策」に未だ気が付きません。

いや、真面な日本人なら気が付かない訳がありません。日本人の持つ民度と頭脳ならば気が付かない訳がありません。気付くのです。気付くのですが、《自国の生存を他国に委ねる》という国防・安全保障上の自立心なき生き方が示すように、アメリカが行う日本人への「精神的弱体化政策」に対して、その危険性を指摘し、日本人としての生き方の修正を叫ばないのです。

アメリカの狙い通り、精神を弱体化された日本人になっているのです。

このように国家もメディアも国民も、占領統治の功罪を論ずることなく戦後七十年の歳月が流れてしまいました。快適で便利な生活を追及するだけで、国家や民族としての大切な基本構造について何も考えず、お上や為政者に対して自らの考えを何も述べようとはしない「危機感」と「向上心」の欠落した日本人となってしまったのです。

GHQは日本の「伝統精神」・「伝統文化」を否定することによって、国家・国民としてのバック・ボーンを持たない日本人を誕生させました。「日本人の精神的弱体化」というアメリカの狙いは、今日の日本社会の中に確実に実現しているのです。

わが国は、GHQの占領政策によって、国家の防衛を全く考える必要もなく、ひたすら経済活動に専念できました。そのお蔭で、昭和から平成にかけての一時期、世界有数の経済大国となりました。ところが、この経済的繁栄は「効率優先」「金儲け第一」に代表される「物質的生活の充実」しか考えない多くの日本人を誕生させてしまいます。

新しく生まれた物質万能主義者たちは、江戸時代以降昭和の中頃まで続いた《規律と秩序》で己を律し、他者・他人には《思い遣りと寛容》の心で接するという、私たち先達の生き方を否定します。経済大国への道を歩むなか、《強い者が勝って当たり前》、《何事も自己責任》というアメリカ型日本人を次々と誕生させます。

彼らは、私たちの先達が形成してきた《向こう三軒両隣》や《互助の精神》に基づく「民俗社会的生き方」を否定します。その結果、占領統治から僅か数十年で日本はまるで別の国家の如く、日本人はまるで別の民族の如くに変容してしまうのです。

さらに恐ろしい事が、現在の日本では進行しています。

日本人を変容させるアメリカの狙いは、平成の今日に至るも途切れることがありません。「年次改革要望」という形で、アメリカの日本狙いが半ば公然と日本社会に存在しているのです。

近年日本では、内政干渉とも言えるアメリカの「年次改革要望」に応える形で行った各種の規制緩和や撤廃がなされました。また極端な株主中心主義による企業経営など、アメリカ式の経済手法を導入した結果、外資に買収される日本企業が続出し、わが国企業経営の歴史的モデルであった終身雇用制度が崩壊し、いまや二千万人規模の非正規雇用社員を生んでいます。

さらに、企業が経済効率のみを追求することになって格差社会が進み、それに伴うモラルの乱れも生じ、各種の犯罪を誘発するばかりか、「日本らしさ」「日本人らしさ」「日本の心」の崩壊にもつながっています。

アメリカ型日本人の増加現象は、日本社会が「プライベート・リレーション」よりも「パブリック・バリュー」からなる《助け合い社会》ではなく、あくまでも私的価値を追及してやまない《エゴイズム拡大社会》へ移行しつつあることを物語っています。

敗戦、続く占領統治、また主権回復後の民主主義国家としての発展、そして経済大国を経てのバブル崩壊、さらに新自由主義への接近など、日本の戦後七十年には常にアメリカの影が付きまとっています。時の流れと、その過程で発生するアメリカ主導による日本社会の変容を観れば、私は深く考えさせられてしまうのです。

《年次改革要望としての郵政民営化、そして金融経済への過剰な期待、また非正規雇用社員の拡大などをベースとするアメリカ型新自由主義への移行、さらには歪な片務性を包含した日米安保条約など、これらの中にもアメリカの隠された狙い、つまり、彼らのダブルスタンダードというスタンダードが潜んでいるのではないのか？》

このような想いが脳裏から消えることがありません。

ＧＨＱの占領統治を総括し日本を取り戻す

戦後の日本社会にこれほどまでに大きな影響を与えてきた占領統治政策であるのに、昭和の時代から平成の今日に至るまで、ＧＨＱの占領政策について公式の場で「総括」した政治家や官僚、また財界人や学者は、私の知る限りにおいては一人として存在しません。

これで、日本は独立主権国家と言えるのでしょうか。

今日の日本人は、ＧＨＱの占領統治という「国家の在り方」と「国民の生き方」を変えてしまった歴史の現実に対峙しているのでしょうか。

歴史の現実に対峙するとは約七年間にわたるＧＨＱの占領統治を「総括」することです。

ＧＨＱ指導の「民主化」と「非軍事化」が日本社会に及ぼした影響と日本人の反応を分析し、その「功」と「罪」とを明らかにしたうえで、《「罪」への対応に着手する》ということです。

歴史の現実に対峙することをせずして、国家の将来はあるのでしょうか。

国防や安全保障、そして教育という国家の根幹に関わる事項を日本人は未だにＧＨＱの置き土産に頼り切り、自らの意思で改善しようとしません。しかも、これらの置き土産が戦後七十年という歳月の中、国際環境の変化に対応できず、国家としての危機を招いているというのに……。

「占領統治の総括」とは、日本がアメリカに対して占領統治支配の是非を問うことでも、謝罪を求めることでもありません。

日米間の外交問題としてではなく、今日を生きる私たち日本人自身が《占領統治が日本社会に及ぼした影響》を考察し、その「功」と「罪」を明らかにしたうえで、「功」は「功」として認め、「罪」への対応に取り掛かることです。

今日の日本社会混迷の原因となった「罪」の部分、つまり日本の「伝統精神」・「伝統文化」を崩壊させる根源となったＧＨＱの占領政策について、その狙いと結果を明らかにしたうえで、速やかに将来に向かっての改善に着手することです。

とりわけ、日本人から民族としての「自立の心」を奪ってしまった『日本国憲法の制定』、また、侵略国家という自虐史観を植え付け、日本人から「誇り」を奪ってしまった『東京裁判の主導』、そして、日本社会から「日本の心」を奪ってしまった『教育勅語の廃止』、これら三項目に内在する「欺瞞性」・「不合理性」・「非現実性」について深く考え、その対策を考えていかなければならないのです。

今日、私たち日本人が占領統治の総括を行い、自国の「伝統的価値観」に基づく国家運営への決断をしなければ、そう遠くない将来、わが国は世界の中で何の特色もない国になってしまうでしょう。

何の特色もない国とは、民族として誇れるものを持とうとしない国です。このような国は、いずれ列強の属国となるしかありません。

敗戦、復興、経済成長、バブル崩壊、そして迎えた混迷の時代。

戦後七十年の今日、私たち日本人は、新しい国家像を創造する時期を迎えているのです。

国際社会の一員として世界の信頼を得るためには、対米依存から脱却し、軍事的にも経済的にも道徳的にも、自立した国家に成長しなければならない時期を迎えているのです。

そのためには「戦後日本の総括」が必要です。

そして戦後の日本を総括するには、「ＧＨＱ占領統治の総括」が欠かせません。なぜなら、現在の日本社会に出来《しゅったい》する『民主化・近代化による経済発展』という「陽」の部分、逆に、『国防・安全保障への無関心』、『東京裁判に発する自虐史観の無定見な受け入れ』、そして『教育勅語の廃止による伝統的価値観の喪失』という「陰」の部分、これら現象のほとんどは、約七年間に及ぶＧＨＱの占領統治がその根源となっているからです。

日本人は新しい国家像の創造にあたり、ＧＨＱの占領統治について、今一度、深く考えなければならないのです。

第三章　憲法制定

大日本帝国憲法の制定

ここまで、日本の近代化への歩みについて考えてまいりました。

ここからは視点を変えて、近代化を目指す日本は《いかなる国家を創ろうとしたのか》、つまり、《国体の現れ》である「憲法の制定」について考えてみたいと思います。

日本が明治維新を実現し近代国家を目指していく激動の時代に制定された「大日本帝国憲法」、また太平洋戦争の敗戦による混乱の中、ＧＨＱの主導によって制定された「日本国憲法」、これらの憲法制定が日本社会に与えた影響について考えてみたいと思います。

まずは、近代化を目指す日本に大きな影響を与えた「大日本帝国憲法」の制定です。

憲法とは国の基本法です。国家存立の基本条件を定めた基礎法で、通常他の法律や命令を以て変更することを許さない国家の最高法規、それが憲法です。

近代国家の在り方を西欧に学んだ伊藤博文たちの指導で、明治二十二（一八九〇）年に「大日本帝国憲法」が制定されます。天皇の大権、臣民の権利・義務、帝国議会の組織、輔弼機関、司法機関および会計などに関して規定したもので、その内容は立法・行政・司法の三権分立から成り立っています。

日本は明治維新から二十年余りで近代憲法を制定するのです。二六〇年にわたり鎖国を続け、士農工商という身分制度の中を生きてきた日本人が、新しい国家体制になって僅か二十年ほどで近代憲法を制定するのです。アジア諸国の中で初めて、近代的議会政治を樹立します。見事と言うしかありません。日本国民の民族としての向上意欲が表れています。

日本が近代憲法を制定する十九世紀末は、イギリス、フランス、オランダ、アメリカなど列強の植民地支配を中心とする「帝国主義の全盛期」です。列強はアジアで、日本とタイを除く中国、ベトナム、ラオス、ビルマ、インドネシアを既に植民地にしていました。

その状況の中、日本は列強からの迫りくる植民地支配の恐怖を撥ね退けるために、大日本帝国憲法の下で、富国強兵・殖産興業を国是として国力の増強・拡大に努めるのです。

日本民族の向上意欲が表れる大日本帝国憲法ですが、この憲法には大きな欠点も存在していました。それは、「統帥権の独立」です。

統帥権の独立と軍部独裁

大日本帝国憲法には、《天皇は陸海軍を統率す》という特定条項がありました。欧米では一般的に軍の統帥は行政権の範疇にあり、政府干渉の対象ですが、当時の日本では統帥権は行政権の範疇外なのです。軍を統率・指揮するのは行政府ではなく天皇に直接隷属する統率部になっていました。

「統帥権の独立」とは、軍隊を動かす統帥権が三権から独立して天皇に属することです。総理大臣でも軍部に意見を言って、彼らをコントロールすることができないのです。

さらに問題なのは、天皇は統帥権を持ってはいるのですが、憲法上の規定は「輔弼」です。つまり、《統帥上の職責は陸軍・海軍の参謀総長と軍令部総長にあり》、《天皇には実質的に軍を動かす権限も責任もない》のです。外交・安全保障を含め、全ての政治を司る内閣が、軍の行動に口を挟むことができず、天皇も実質的な軍統率の権限を持っていないとなれば、状況次第によっては何事も軍部の思うままになってしまいます。

このような軍部と政府と天皇の存在という歪な関係の下で、日本軍は日清・日露、そして第一次大戦に勝利します。これらの勝利によって軍の勢力は拡大します。軍勢力拡大に伴い、統帥権は独り歩きをするようになり、一層、軍部の発言力が増していくのです。台湾と朝鮮を植民地とし、満鉄経営という満州での利権を獲得した日本は、次第に国家としての帝国主義的色彩を強めていきます。軍部独裁が強まり、昭和の時代に入ると内閣の組閣に当たっては参謀総長や軍令部総長の了解がなければ陸軍大臣も海軍大臣も選べなくなり、三権分立などどこにも機能しなくなります。

そのうち軍人内閣が成立し、大陸における居留民保護と既得権防衛という大義は存在するものの、軍中央の〝戦争不拡大〟という方針を無視する一部の勢力が満州事変を引き起こし、太平洋戦争へと突き進んでいくのです。

では「統帥権の独立」、具体的には《統帥権の誤った運用》は何に起因するのでしょう。統帥権の独立を盾に軍部独裁を招いた最大要因は、一部軍人のエリート意識と功名心からなる立身出世主義です。当時、日本人は《末は博士か、大臣か！》という言葉をよく口にしました。本来の意味は優秀な若手に対する世間の期待の大きさを表したものです。

ところが、この時の一部軍人エリートはこの言葉を己の立場に当てはめてしまうのです。その結果、彼らの功名心がうずき出します。彼らの心の中にあるのは「己の自立」でも、「人への寛容」でもありません。立身出世という「己の栄達」です。「公」よりも立身出世という「己の栄達」を優先させる生き方が、一部のエリートを狂わせてしまうのです。

当時の陸軍首脳が、中央の統制に従わなかった関東軍幹部の板垣征四郎と石原莞爾を罰するどころか、満州事変の「功」により称賛します。この出来事が、上の者の統制に服することは第二義的になり、軍人の第一義は大功をおさめることにあるという誤った空気を陸軍組織の中に醸成させてしまうのです。

この頃から、本来あるべき国家・国民の生命・財産を護るための軍隊という考えが消え、軍隊こそが国家の中心だと言わんばかりの尊大な組織になっていきます。精神が尊大になるのは一部のエリート軍人だけではありません。自らの信号無視を認めないために、軍と警察が対立状態に陥る「ゴー・ストップ事件」に見られるように一般軍人も変わります。

日露戦争の勝利から徐々に強くなっていった軍部の発言が、昭和に入ると一層強まり、挙国一致体制をつくり、太平洋戦争へと一直線に突き進んでいくのです。

このように「大日本帝国憲法」には、大きな欠点がありました。

「統帥権の独立」は、わが国にとって近代憲法制定上の大きな反省点になっています。

日露戦争後に狂ったのは、軍人ばかりではありません。

勤勉で真面目な日本国民も変容するのです。江戸時代以来、「己の自立」と「人への寛容」

という世界でも稀な「精神性」を持つ日本人の心の中に、何が生まれたのでしょうか。

日露戦争後のポーツマス講和条約の締結をめぐり、日本国民も狂ってしまうのです。《講和条約を破棄、戦争を継続せよ！》と叫び、日比谷公園に集まった群衆は暴徒化し、政府は戒厳令を出すに至ります。冷静さを失った日本国民の群集心理は次第に激しさを増し、昭和の時代に入ると、ポピュリズムに流された日本の世論は、満洲事変に対する「リットン報告書」と「国際連盟」への敵視を始めるのです。


日本国民は松岡洋右の「国連脱退」に拍手を送り、政府は「日独伊三国同盟」を結び、さらに「国家総動員法」を制定して、《一億、玉砕。欲しがりません、勝つまでは！》を合言葉にするほど、対米戦争に向かって国家主義に燃えあがってしまうのです。

国民に対して戦争の実態を明らかにしない政府は勿論、「大本営発表」に何の疑問も持たず時の政府と一体になり、国民を煽るだけで真実を把握する努力を怠った新聞にも大きな責任がありますが、この時の日本国民の行動は異常です。完全に冷静さを失っています。

冷静さを失った日本国民の生き方には、「己の自立」も「人への寛容」もありません。

「大本営発表」に燃えあがる群集心理は、日本国民に何をもたらすのでしょうか。

それは、《独りよがりの傲慢さ》です。

この時の日本人は、世界の情勢を冷静に観ることが出来なくなっています。日本国民の心の中で、その「勤勉さ」が、その「真面目さ」が、世界を観る目を塞いでしまうのです。熱しやすく冷めさすい日本人の群集心理が、冷静な判断力を奪ってしまうのです。

当時の軍事力比較では、航空機や軍艦、戦車などについて、アメリカは日本の五倍の戦力を保有していました。さらに、わが国は石油の八〇％をそのアメリカからの輸入に頼っていたのです。軍備やエネルギー確保の面から観た場合には、対米戦争は勝てる戦争ではありません。国家主義に燃え上がる日本人は冷静なる思考力を失っていました。

軍人、一般人を問わず、この時の日本人の「心の問題」も深く考えなければなりません。日清・日露の戦いに勝利し、さらに第一次大戦で戦勝国の立場を得たわが国は、国際連盟の常任理事国となります。

短期間で成し遂げた世界の列強入りという栄光が、軍部は勿論、一般国民をも舞い上がらせ、世界情勢を冷静に判断する正常な思考力を失わせるのです。

《欧米列強に追い付け、追い越せ！》という向上心が、日清・日露に勝ち、第一次大戦の戦勝国という立場を得ることで、《日本人は出来る、日本は世界の一等国へなれる！》という《独りよがりの傲慢さ》に変形するのです。

この傲慢さが「己の自立」と「人への寛容」からなる「日本人の精神性」を希薄なものにし、多くの日本国民に大日本帝国という「国家主義」・「帝国主義」への道を歩ませてしまうのです。

多くの国民が「大本営発表」の戦果に舞い上がる中、冷静なる分析をする人たちも存在していました。次のように考える人たちも、僅かながらも存在していました。

《帝国主義的色彩を強めての日本の中国進出は、極東の軍事情勢を不安定化させ、アメリカとの利害衝突を招き、ひいては日本の安全を損なう!》

信念の人・石橋湛山は、時流の「帝国主義」とは相容れない「小日本主義」を唱えます。内容は満洲の放棄だけでなく、台湾・朝鮮という植民地までも放棄するというものでした。しかし、この主張が《十万人を超える同胞の命と引き換えに手に入れた満州の権益》という当時の庶民感情を抑えることが出来ません。日本国民は、冷静さを失っていたのです。

軍人が政治の世界に口を挟み出し、やがて政治の実権をも握ってしまう昭和六（一九三一）年の満州事変から同二十（一九四五）年の敗戦までの十四年間は、日本近代史の中で、日本国民が最も冷静さを失ってしまった時代だと言わなければなりません。

新憲法（日本国憲法）の制定

続いて、『日本国憲法の制定』について考えてまいります。

明治・大正・昭和という三つの時代にまたがり最高法規であった「大日本帝国憲法」は、第二次大戦の敗戦でＧＨＱによって失効させられ、新たに「日本国憲法」が誕生します。新憲法は戦後日本人の「生き方」や「考え方」を大きく変えてしまいます。日本人は、新しく制定された日本国憲法によって、『自立の心』を失うのです。

新憲法は日本国民が自主的に制定した形をとっていますが、実質は、ＧＨＱによって創られているのです。当然の事ながら、そこには彼らの占領統治を円滑に行うための狙いが存在しています。彼らは占領統治目的である日本の「民主化」と「非軍事化」を日本国内に実現させるため、次のような国家の骨組みを日本政府に指示するのです。

①「主権在君」から「主権在民」へ

②国際紛争解決の手段としての軍備を持たない「非武装国家」へ

③信仰や職業選択、そして言論や結社の自由などを認める「民主主義国家」へ

これらGHQの指示を受けて新しく制定された日本国憲法は、「国民主権」、「平和主義」、「基本的人権の尊重」を基調に、象徴としての天皇、国権の最高機関としての国会、行政権の主体たる内閣の国会に対する連帯責任、そして戦争放棄から成り立っています。

「日本国憲法」と「大日本帝国憲法」には、明確な相違があります。

「統帥権の独立」や「文民統制の不在」を招く原因となった主権在君からなる「旧憲法」を廃止、「三権分立の徹底」による主権在民からなる「新憲法」を制定して、国家の骨組みを変えるのです。

「平和国家」「民主主義国家」を目指して新しく制定された日本国憲法の最大の特徴は、憲法前文が謳う《平和を愛する諸国民の公正と信義》をベースにした「戦争放棄」と「非武装国家」宣言です。したがって、新憲法には特筆すべき規定があります。独立主権国家の憲法として、世界の中でも極めて特異な二つの規定が存在するのです。

「憲法前文」と「憲法九条」は日本国憲法の特異な規定

特筆すべき一つ目は、「憲法前文」の内容です。

以下の通り、独立主権国家の憲法規定としては、世界に類を見ない驚くべき内容です。

《……平和を愛する諸国民の公正と信義に信頼して、われわれの安全と生存を保持しようと決意した……》

特筆すべき二つ目は、「憲法九条」です。

ここでは、近代国家として例のない交戦権放棄・非武装国家を宣言するのです。

《……国権の発動たる戦争と武力により威嚇または武力の行使は永久に放棄する……》

《……陸海空軍その他の戦力は保持しない。国の交戦権は認めない……》

「憲法前文」、「憲法九条」とも、まさに特筆すべき規定です。

この「憲法前文」の内容を国内の事例に例えれば、私の解釈では次のようになります。

《……治安維持のための警察は要らない。いかなる他人をも、その公正と信義に信頼することで治安を維持しようと決意した……》

いかに他人の公正と信義に信頼していても、現実には犯罪は起こります。治安維持のための組織がなければ、つまり抑止力の存在がなければ、いかなる社会においても犯罪は増加の一途をたどるでしょう。他人の公正と信義に信頼することは大切ですが、それだけでは治安を維持することも、国民の安心・安全を護ることもできません。

そして、さらに問題なのは「憲法九条」です。

この規定は、現実には必ず生じるであろう国際社会での犯罪行為や侵略行為に対しても、常に〝丸腰（交戦権放棄）〟で立ち向かえと言っているのと同じです。

《……いかなる人からどのような仕打ちを受けても、私は抵抗も反撃もいたしません。

私は決して武力行使はいたしません……》

このように世界に対して〝丸腰〟宣言をして、果たして治安を保つことができるのでしょうか。国民の生命・財産を護ることができるのでしょうか。

国内問題として捉えた場合でも、憲法前文は「不合理性」と「欺瞞性」を感じさせるものであり、また、憲法九条は「非現実性」を感じさせる規定です。ましてや言語も文化も風習も価値観も異なる国際間の紛争解決に、この二つの規定は機能するのでしょうか。

私たち日本人は異常事態に対する防御体制を整えることなく、価値観の異なる世界諸国の人たちの公正と信義だけに自らの生存を預けるということに疑問はないのでしょうか。国際社会の中で、このような規定を後生大事に護り続けるということが、現実的にはできるのでしょうか。

戦後の経済発展により、日本は世界有数の経済大国の地位を得ました。

日本人は様々な知恵を働かせて、次々と世界に生じる新たな「変化に対応」し、「便利で豊かな生活」を手に入れました。しかし一方で日本人は、世界に例のない欺瞞に満ちた「憲法前文」と交戦権放棄を謳う非現実的な「憲法九条」を半世紀以上も護り続け、独立主権国家の国民でありながら、国防や安全保障に関わるテーマについては、何の提言もしてきませんでした。

これら国家の最重要事項については自ら関与することを避け、全てアメリカ一任の姿勢を取ってきました。戦後何十年にもわたり、対米依存を続けてきたのです。国防・安全保障面における対米依存、つまり「アメリカの軍事力に護られての経済的繁栄」が、日本人の精神を弛緩させるのです。精神が弛緩状態に陥った日本人は、何十年にも及ぶ対米依存が将来の日本に何をもたらすのかについて考えようともしません。

「憲法前文」と「憲法九条」は日本人の精神的弱体化の根源

国防や安全保障政策での自主性のなさにも拘らず、幸いにも日本国民は戦後半世紀以上にわたり平和と安全を享受することができました。この事実から、わが国の戦後には国家存続の基本事項について、表層的観察しかできない大勢の情緒主義者が生まれてきます。

彼ら情緒主義者は、《戦後日本が平和を保ってこれたのは、交戦権放棄を謳う「平和憲法」のお蔭だ》と公言して憚りません。

日本は米軍保護下にあり、また東西冷戦の核による緊張状態があったことで平和が保たれたのであって、平和憲法のお蔭ではありません。彼らは、《戦後日本の平和と安全は、実質軍隊としての自衛隊の存在、そしてアメリカと結ぶ集団的自衛権としての「日米安保条約」の存在によるもの》という現実を理解できないのです。

さらに驚くべき事に、交戦権放棄を謳う日本国憲法九条を人類の叡智として、「ノーベル平和賞」に推す日本人まで現れました。彼らは、ＧＨＱの「民主主義国家・日本の建設」という占領統治目的は理解するものの、「日本人の精神的弱体化」という裏の目的については、その存在を疑うことすらしません。

そもそも国家主権のない占領統治下において、自主憲法制定などできる訳がありません。「日本国憲法」は日本国家が自主的に制定した形をとっていますが、実質は占領統治を円滑に行う目的でGHQが定めたものであり、実態は「占領基本法」とも言うべきものです。

私たち日本人は、国際情勢が激変し、わが国に対する安全保障上の脅威が高まっているにも拘わらず、GHQが去った後も彼らの占領基本法、つまり「押しつけ憲法」を後生大事に七十年近くにもわたり、一度の改正をすることもなく護り続けているのです。

二十歳の大人になれば、人間は自分で自分の生き方を決めます。親もとを離れます。自立するのです。国家も同じです。主権を回復すれば、いかなる国家を目指すのか、国家の基本構造を自分たちで決め、その実現に向かいます。

そうであるのに、日本人は七十年近くにもわたり「押しつけ憲法」、つまり《お前は俺の指示通り、このように生きろ！》という他人（アメリカ）からの命令通りに生きようとしているのです。

これで、日本人は精神的に大人と言えるのでしょうか。独立主権国家としての尊厳はあるのでしょうか。日本人は『自立の心』を失っています。日本国憲法の「憲法前文」と「憲法九条」は、ＧＨＱが狙った「日本人の精神的弱体化」の根源となっているのです。

現行憲法における「欺瞞性」「不合理性」「非現実性」

日本国憲法は、二十一（一九四六）年五月三日に公布され、翌二十二（一九四七）年十一月三日に実施されます。

戦後七十年、理想を語るだけでなく国際社会に生じる現実を直視する人間ならば、日本国憲法に内在する「非現実性」や「欺瞞性」を感じるはずです。

「民主主義国家・日本の建設」という表の看板と共に、その裏側に潜む「日本人の精神的弱体化」というＧＨＱの隠された狙いも読み取ることが出来るでしょう。

よしんば、ＧＨＱには隠された狙いなどなく、「民主主義国家・日本の建設」こそが、彼らの唯一の占領統治目的であると信じる人がいたとしても、日本国憲法実施から三年目に生じる朝鮮戦争へのアメリカの対応に接すれば目を覚ますでしょう。

僅か数年前に自らの関与で交戦権放棄させた非武装国家に対して「再軍備」を勧めるのです。このアメリカの対日方針の大変化に触れれば、彼の国のダブルスタンダードを誰もが理解するはずです。

この事実で、占領統治の本当の目的が何であるのか、誰もが理解するでしょう。普通の常識さえあれば、「民主主義国家・日本の建設」という占領統治目的は、「日本人の精神的弱体化」という隠された狙いと表裏一体であるということが解るはずです。

ところが不思議な事に、戦後日本人のほとんどが、この憲法を後生大事に護ろうとするのです。日本国民の思考回路は正常に働いているのでしょうか。

国境を背中合わせにする緊張感から戦争の危機が頭から離れない外国人は、このような国防・安全保障という国家の最重要事項に関心を持とうとしない日本国民をどのように観るのでしょう。

日本を独立主権国家として観ているのでしょうか。日本がこのままの状態を国家意思として続けるのであれば、世界は日本をアメリカの属国としか観ないでしょう。

憲法改正の要点は「憲法前文」と「第九条」

日本が名実ともに真の独立主権国家として国際社会から認められるためには、憲法改正が必要です。国防・安全保障分野における憲法改正の最大の要点は、言うまでもなく前項で述べた「憲法前文」と「憲法九条」です。

「憲法前文」から考えてみましょう。

《平和を愛する諸国民の公正と信義に信頼する……》という「他人任せの国防姿勢」を《自らの国は自らが護る》という「自主防衛主体の国防・安全保障体制」に発展させなければなりません。

自国の平和と安全を他国に依存するのではなく、国家存続の最重要事項を日本人自身が行うことです。自国の平和と安全を護るのは、民族としての『誇り』に基づく、「国民の意思と行動」なのだということを自覚しなければなりません。

そのためには、自衛隊の存在を《憲法上、軍隊である》と明確にすることが必要です。国際社会の中では、日本の自衛隊は軍隊であると認識されていますが、日本国憲法上では、自衛のための組織であって軍隊とは認められていないのです。

日本政府があくまでも《自衛隊は軍隊に非ず！》という解釈を取るなら、捕虜の取り扱いを決めた「ジュネーブ条約・第三条（捕虜の待遇に関する条約）」との整合性がとれず、自衛隊員にとって大きな問題が残ります。戦争を「国家行為」として認めるから、軍人は捕虜になっても「殺人罪」に問われないのであって、日本政府の言うが如く《自衛隊は軍隊に非ず！》を主張し続けるならば、日本の自衛隊員が捕虜となった場合に、相手国によっては自衛隊員を捕虜とは認めず（軍人とは認めず）、「ジュネーブ条約・第三条」ではなく、その国の「刑法・殺人罪」を適用する可能性があります。

二〇〇三年、日本政府はイラク特措法を成立させ、人道復興支援目的で自衛隊員をイラクに派遣しました。幸いに自衛隊員がイラク軍の捕虜になることはありませんでしたが、日本政府は、この時、日本国憲法順守の立場から、《イラクに派遣される自衛隊員は捕虜になっても、ジュネーブ条約・第三条の対象とはならない》という解釈をとっています。つまり、吉田茂以来の《自衛隊は軍隊に非ず！》を踏襲しているのです。

誰が考えても、自衛隊は軍隊です。

自衛隊は軍隊だから、アメリカは軍事同盟として日本との間で日米安保条約を結ぶのです。国家・国民のために、自らの命を賭けて紛争最前線に立つ自衛官の心情を想えば、自衛隊を軍隊であると憲法に明記することが必要です。

改正する前文には、二〇〇〇年の長きにわたり日本を支えてきた「一国一文明」の素晴らしさを謳うと共に、世界平和の実現に尽力する私たち日本人の決意を述べることです。

憲法前文は日本人の精神的弱体化のシンボル

今日、世界に生じる様々な軍事上、また安全保障上の脅威を目の当たりにする時、普通の感覚を持つ人間ならば、日本国憲法前文に触れて、その「欺瞞性」や「不合理性」、また「非現実性」を感じない人がいるのでしょうか。

戦後の日本は平和憲法に基づき、《平和を愛する諸国民の公正と信義に信頼》して国家運営を行ってきたはずなのに、なぜ、「尖閣問題」や「拉致問題」を生じさせる隣国が存在するのでしょうか。なぜ、隣国は「北方領土」や「竹島」を実効支配し、その一方的な正当性を主張し続けるのでしょうか。これらの国は、はたして《平和を愛する国》と言えるのでしょうか。《公正と信義》を保有しているのでしょうか。

よほどのオメデタイ人間でない限り、日本国憲法前文の規定は世界の現実に合わない、出来《しゅったい》する現象と大きく乖離していると感じるはずです。

現実的乖離を感じるはずであるのに、戦後日本人は日本国憲法に対して何の改正案を提示することもなく、何の行動も起こしてきませんでした。

GHQの「民主主義国家・日本の建設」というプロパガンダに踊らされ精神を骨抜きにされた日本人になっているのです。

さらにGHQは洗脳を徹底させるため、日本人でありながら占領政策に加担する所謂進歩的文化人を利用、日本人から国防・安全保障に関する思考を消し去っていきました。

憲法前文が、「日本人の精神的弱体化のシンボル」だと言ってもいいでしょう。

《平和を愛する諸国民の公正と信義に信頼する……》という憲法前文の存在が、今日を生きる日本人の多くに見られる《自分たちの国は自分たちで護る！》という、独立主権国家の国民としての基本精神欠落の根源となっているのです。

日本国憲法の前文と苛烈な世界の現実

日本国憲法の崇高な精神と言われる前文と、苛烈な世界の現実を合わせて考えてみましょう。

その前文が謳う《平和を愛する諸国民》とは、一体、どこの国の国民なのでしょう。

日本に対し日常的に領海・領空侵犯を繰り返す隣国は、平和を愛する諸国民なのでしょうか。

隣国の行為に対する自衛隊の緊急発進（スクランブル）は、年間九〇〇回を超えています。隣国は自衛隊の緊急発進に遭遇しても、日本の現行法の下では武力攻撃を受けるリスクがゼロだと認識しています。

リスクゼロなら、やりたい放題になるのは当然の事です。

平和を愛する諸国民が《公正と信義》を保有しているなら、なぜ、二十世紀は戦争の世紀だったのでしょう。なぜ、二十一世紀になっても戦争や民族紛争は終焉しないのでしょう。

講和条約を締結、国交を回復して五十年にもなるというのに、国是の如く反日教育を繰り返し、わが国に対して歴史認識を問い続ける隣国は、《公正と信義》を保有しているのでしょうか。

《公正と信義》を《平和を愛する諸国民》が保持しているなら、それら諸国の集合体である『国際連合』は、なぜ、《公正と信義》に基づいて機能しないのでしょう。なぜ、彼らはわが国に対する「敵国条項」を保持し続けるのでしょうか。

《平和を愛する諸国民》が《公正と信義》を保持するなら、国際紛争解決機関である『国際連合・安全保障理事会』の常任理事国には、なぜ、「拒否権」という魔法の杖が認められるのでしょうか。

このように、日本国憲法の目指す理想的世界と現実の世界は大きく乖離しています。当然の事です。何の不思議もありません。世界の国家は、「公正と信義」ではなく「国益」に基づいて動くからです。

その代表選手が、「自由と民主主義」を掲げるアメリカです。

《平和を愛する諸国民の公正と信義に信頼して、自国の安全と生存を保持する……》と謳った日本国憲法前文を本当に素晴らしいと思うのであれば、国際社会の中から日本に倣い「戦争放棄」・「非武装国家」を自ら唱え、日本に追随する国家が出てくるはずです。しかし、制定から七十年近くの年月が流れているというのに、そのような国家は一国として現れることはありません。今後も、現れることはないでしょう。

この現実を観れば、国際社会においては「日本国憲法前文」がいかに「非現実的」であり、「不合理」極まるものであり、「欺瞞性」溢れるものであるかが誰にでも解るはずです。

ただし視点を変えれば、「日本国憲法前文」は「人類の理想」と観ることもできます。起草に関与したGHQ関係者は、《非武装国家を宣言し》、《自国の安全と生存を世界諸国の公正と信義に信頼する》という人類の理想を、本当に日本人に実現させようという崇高な精神を持っていたのでしょうか。

私には、とてもそのようには考えられません。

彼らの狙いは別のところにあるはずです。

日本人をして《自国の生存を他国に委ねる》、つまり、《自分の国は自分で護る》という独立主権国家の国民としての基本精神の欠落に対して、何の疑問も痛痒も感じない平和ボケ人間たらしめるという狙いを持っていたものと思われます。

アメリカが本当に人類の理想とも言える崇高な精神を持ち、その実現を目指すのであれば、なぜ、アメリカ自身が率先して自国の憲法に「非武装宣言」を謳わないのでしょうか。

相対的に存在感が低下しているとはいえ、国際社会の中で「世界の警察官」を自認し、また市民の日常生活においても、自己防衛のために銃器所持を認めるアメリカ社会が、憲法上で「非武装宣言」する訳がありません。アメリカは国際社会の現実を冷徹に観ています。

もうそろそろ、日本人は目を覚まして世界の現実を直視しなければなりません。

物質的に豊かな生活を求めるだけではなく、国家・社会の存立は何によって護られるのか、国家・社会の存続は、国防や安全保障を抜きにしての経済的繁栄だけで実現できるのか、これらのテーマについて、真剣に考えなければならないのです。

独立主権国家ならば戦力の保持は当然

二つ目の改正対象は、「憲法九条」です。

《……国権の発動たる戦争と武力による威嚇または武力の行使は永久に放棄する……》

《……陸海空その他の戦力は保持しない。国の交戦権は認めない……》

このように「戦力不保持」と「交戦権放棄」からなる「平和主義」が規定されています。しかし残念な事に、憲法で「平和主義」を宣言するだけでは、国際社会の中を独立主権国家として生きていくことができません。

近代国家の中で、「交戦権放棄」や「戦力不保持」を規定する国家はどこにも存在しません。永世中立を謳う国でさえ、非武装ではなく武装中立、つまり「戦力保持」なのです。

このような国際社会の中で日本が真面な独立主権国家であるためには、「交戦権放棄」という現行規定を自衛のための「戦力保持」を可能にする規定に改めなければなりません。自国防衛のため「非武装国家」から「武装国家」への転換を憲法で規定することです。

「国家存立の三要素」として、ハンチントンは次のように言っています。

①近代化への経済力　②国防の要である軍事力　③民族としての独自の価値観

「経済力」「軍事力」「独自の価値観」、これら三要素のどれか一つでも欠ければ、苛烈な国際社会を独立主権国家として存続することはできない、とハンチントンは言うのです。

国家の存続・発展には、近代化を目指しての経済活動が不可欠であり、その経済活動は民族としての独自の価値観の下に行われるものです。そして、その経済活動を支えているのが国家意思としての軍事力です。経済力と軍事力は一体のものと言えます。

《軍事力の裏付けなき外交は、その力が半減する》、これが世界の現実です。

近代化への経済活動は外交の一種であり、その外交は軍事力により支えられているのです。

わが国は明治維新以降、国家の近代化実現に向かって様々な知恵を発揮してきました。

しかし第二次大戦の敗戦以降、国防の要である軍事や安全保障に対して、日本人は知恵を発揮することなく、関心を持とうともしないのです

アメリカ頼み一辺倒に陥り、そのような国家防衛思想が、やがて国家存亡の危機を招くということを考えようともしません。

国防への無関心、その現れが「憲法九条」に対する日本人の解釈であり、対応なのです。

普通の人間が予見を持たず「憲法九条」を読めば、当初のアメリカの狙いの通り、日本は非武装国家であり、交戦権も放棄していると解釈するでしょう。交戦権を放棄すれば、軍隊の存在もないはずです。

ところが、現実には日本には陸海空軍で構成される二十四万人からなる自衛隊が存在しています。では、日本の自衛隊は軍隊ではないのでしょうか。

いや、そんなことはありません。自衛隊は実質的には軍隊です。世界の各国家は、日本の自衛隊を軍隊であると認識しています。何とも説明のつかない現実です。

日本国民は「非武装国家」から「武装国家」へという憲法改正をしないまま、防衛力としての自衛隊の存在を憲法解釈で認めてきたのです。その結果、国際法上は自衛隊は軍隊とみなされるのですが、日本国憲法上では自衛隊は軍隊ではないのです。日本政府が自衛隊をなぜ軍隊としないのかは、憲法九条で軍隊は持てないことになっているからです。

しかし、日本には平和憲法があるからといって、外国からの侵攻が絶対にないとは言えません。当然の事ながら、外国からの攻撃にどう対処するのかが問題になります。

そこで日本政府が考えるのが、独立主権国家としての固有の「自衛権」です。

自分の国を護るための必要最小限度の実力組織を持つことは憲法違反ではなく、その組織が自衛隊だと解釈しているのです。

国の基本法、しかも国防・安全保障という国家の存立にかかわる最重要テーマに対して、国論を二分するような真っ当な議論をすることなく、その都度、解釈変更で乗り切っていこうとする戦後日本政府の対応は、国家存続への「知恵の発揮」なのでしょうか。

それとも、将来を見据えることのない、その場その場を乗り切るための「場当たり主義」の現れなのでしょうか。

第四章　日本人の憲法解釈

朝鮮戦争勃発とアメリカの対日政策変更

日本の平和憲法実施（昭和二十二年・一九四七年）からわずか三年、東西冷戦の具体的現れとして朝鮮戦争が勃発します。この国際情勢の大きな変化によりアメリカは決断します。「変化に対応」するのです。日本を独立させ西側諸国の一員として東西冷戦に備えるというアメリカの決断が対日講和を急がせ、二年後のサンフランシスコ講和条約となるのです。

朝鮮戦争がなければ、アメリカの日本占領統治は、まだあと何年も続いていたでしょう。いや、今日の日本人の持つ国家観・国防観では、何十年も続いていたかもしれません。

このように朝鮮戦争によって、アメリカの対日政策は大きく変わります。それまでの解体すべき「敵国」から「反共の防波堤」へと日本の位置付けを変えるのです。

ＧＨＱは自らが関与した日本国憲法に美しくも人類初の戦争放棄・戦力不保持を謳わせながら、ソ連・中国による赤化攻勢への対抗上、わが国に戦力の保持を指示します。共産主義陣営に対する西側陣営の最前線にわが国を置くために再軍備を勧めるのです。

この事実に接すればいかなる情緒主義者でも、「民主化」と「非軍事化」に基づく「民主主義国家・日本の建設」というＧＨＱの占領統治目的が綺麗な表向きの看板であり、彼らの本当の狙いが何であるのか、ということがよく解るはずです。

それこそ、アメリカは「変化に対応」する国です。

過去を振り返ってみましょう。

日露戦争終盤には、日本に対し好意的にロシアとの講和条約締結への仲介の労を取ったかと思えば、その後の日本の急激なる台頭を〝良し〟とせず、「オレンジ計画」や「排日移民法」などを策定し、来るべき太平洋戦争（日本との戦い）に備えるのです。

そして第二次大戦後には、既述の如く、敗戦国・日本を骨抜国家にするために交戦権放棄・非武装国家としての憲法を押し付けたかと思えば、そこから僅か三年、朝鮮戦争が勃発するや、わが国を西側陣営の一員とするために再軍備を勧めるのです。

さらにアメリカは、その後四十年間に及ぶ東西冷戦の末に宿敵・ソ連を崩壊させるや、新たな攻略目標を経済国家を目指し、一人勝ちする日本経済に合わせます。このアメリカの政策転換が日米間の貿易摩擦を生み、後の「対日年次改革要望」へとつながるのです。

またアメリカは、「変化に対応」するだけでなく、「国益最優先」の国です。

第一次大戦後のパリ講和会議で、列強の植民地支配の在り方に抗議する日本は「人種差別撤廃法案」を提案します。審議では賛成十七、反対十一となるのですが、委員長であるアメリカ大統領・ウイルソンは、全会一致を盾に、これを拒否します。

なぜなら、アメリカをはじめとする西欧列強は、人種差別を中心とする苛烈な植民地支配から大きな利益を得ていたからです。

そしてまた第二次大戦の終盤、アメリカ大統領・ルーズベルトは、日本降伏の時期を早めるために、「日ソ不可侵条約」を結んでいるソ連のスターリンとの間で、《ドイツ降伏後の三ヵ月以内に対日参戦することを条件に、南サハリンと千島列島をソ連に引き渡す》という『ヤルタ密約』を結んでいます。

これが、国益優先国家・アメリカの実像なのです。

今日においても、アメリカの基本姿勢は変わりません。シリアやリビア、北朝鮮を独裁国家と非難する一方で、八十年以上も独裁を続けるサウジアラビアとは親密な友好関係を持続しています。サウジアラビアからの石油の輸入と同国への武器の輸出があるからです。

「自由と民主主義の国」アメリカは、「変化に対応」する国であり、「国益優先」の国です。

この柔軟性こそが、アメリカの強みなのです。

私は、アメリカの悪口を言うのではありません。

アメリカの国益重視は世界の常識です。

戦勝国の占領政策には、長期的視点から観た自国国益の存在は自明の理です。

日本人はなぜ、このような単純な構図を理解することができないのでしょうか。戦後七十年が経っても、日本社会にはいまだにＧＨＱ占領統治の呪縛から抜け出せない人たちがいます。

憲法に対する日本とドイツの姿勢の相違

「交戦権放棄」・「非武装国家」を謳い実施された日本国憲法ですが、国際社会に出来《しゅったい》する現実によって、その解釈は変遷します。世界情勢の変化、それに対するアメリカの対日政策を正しく理解するならば、主権回復するこの時、日本国内に新しい国家の基本構造についての議論が出てくるのが、独立主権国家としての本来の姿です。

いかなる国家も、主権回復すれば自主憲法制定に向かいます。

それが独立主権国家としての矜持であり、主権回復の持つ最大の意義であるはずです。しかし、日本社会は動きません。民族としての『自立心』と『誇り』を失っています。自主憲法制定の最大のチャンスであるのに動かないのです。相も変わらず、ＧＨＱの占領基本法にすがろうとするのです。占領統治によって戦後体制の歪みが現れ始めた国家の基本構造を変えようとはしません。マッカーサーによって、国家の武装解除だけではなく、国民の精神的解体までやられているのです。

主権回復時、日本では外交・防衛・教育といった国家存立のための基本事項に関して、独立主権国家としての在り方が論議されることはなく、ほとんどの国民の目は生活の充実、つまり、経済発展にのみ注がれます。

この歪な状況の中、わが国の復興と発展は吉田茂内閣が国是として掲げる「経済国家の建設」によってスタートが切られ、その後の池田隼人内閣の「所得倍増計画」を経て高度経済成長へとつながっていくのです。

主権回復後のわが国経済は朝鮮戦争特需もあって、目覚ましいほどの発展をします。

このようなプロセスを経ながら、昭和二十年代後半から三十年代、そして四十年代前半にかけて経済成長を中心とするわが国の「民主化」・「近代化」が大きく進展していくのです。

「近代化」によって、日本国民の物質的生活は戦前とは比較にならないほど豊かになり、「民主化」によって思想・信条の自由はもとより、職業選択の自由、結社の自由や表現の自由など日本国民は個人の尊厳を支える様々な「自由と権利」を獲得することになります。

日本人は、かってない豊かな「物質的生活」を享受し、「公」よりも「私」を大きく叫ぶ「自由と権利」意識の下に生きていくことになるのです。

日本の「民主化」・「近代化」は喜ばしいことです。

しかし、独立主権国家としての再出発に際し、日本人は大きな忘れ物をしてしまいました。「国家主権の重さ」を忘れてしまったのです。

日本人は主権回復時に、なぜ、ＧＨＱからの「押しつけ憲法」を廃止し、「自主憲法」の制定に向かわなかったのでしょうか。

憲法とは国家の骨組みであり、国民の生き方の土台です。国家主権を回復し、国体の現れである自主憲法を制定しない国家が世界に存在するでしょうか。

初めて手に入れた「物質的豊かさ」が、日本人から『自立の心」』を奪い、国家を護るという『誇り』を忘却させ、先達が護ってきた『日本の心』を雲散霧消させてしまいます。こうして、日本人の持つ国防や安全保障に対する関心が希薄なものになっていくのです。


同じ第二次大戦の敗戦国であるドイツは、どうでしょうか。

憲法的なるものをドイツ人自身が起草しますが、連合国統治下で制定したものはドイツ人の自由意思に基づくものではないと解釈、それを憲法でなく「基本法」とします。

そして昭和三十（一九五五）年になると、ドイツも日本同様、朝鮮戦争がキッカケとなりイギリスやアメリカの占領統治から独立します。

独立直後は軍隊不保持でした。しかし東西冷戦を背景とするソ連の軍事的脅威に曝されていたドイツは、翌昭和三十一（一九五六）年に基本法を改正し、徴兵制導入と共に本格的再軍備を行い、NATO（北大西洋条約機構）に加盟します。《自分たちの国は自分たちで護る！》というジャーマンスピリッツを発揮するのです。

その後、平成二（一九九〇）年には東西ドイツが統一されるのですが、その時も新憲法を制定せず、基本法を順次改正して今日に至っています。改正は五十九回に及んでいます。改正を積み重ねることで自前の憲法につくりかえていくのです。

ドイツと日本、いずれも第二次大戦の敗戦国として連合国側からの占領統治を経験しました。両国とも、国家主権を他国に取り上げられるという屈辱を味わってきました。

その状況の中で、独立後、直ちに基本法（実質的憲法）改正に取り組み、制定後も必要あれば国際情勢の変化に応じるべく何十回にもわたって基本法改正を行ってきたドイツ。

一方、占領基本法とも言うべき「押しつけ憲法」を七十年近くも護り続ける日本。

ドイツと日本、何れが真面な独立主権国家と言えるのでしょう。どちらが、自立した国家なのでしょう。長期的観点に立ち、都度生じる国際情勢や軍事上の「変化に対応」してきたのは、ドイツと日本、どちらの国なのでしょうか。

戦後、国家・国民の安全と生存を護るための「知恵」を発揮し、独立主権国家としての「誇り」を取り戻そうと努力をしてきたのは、ドイツと日本、どちらの国なのでしょうか。

憲法と自衛隊

ここからは、日本の国防・安全保障における「憲法解釈」の変遷、憲法と自衛隊との関係について観ていきます。

昭和二十五（一九五〇）年、朝鮮戦争が勃発します。

太平洋戦争の敗戦で交戦権放棄・非武装国家を謳い再出発した日本ですが、朝鮮戦争によって、実質軍隊である自衛隊が存在することになります。

政府は自衛隊の存在を憲法解釈で認めるのです。国防・安全保障という国家の最重要事項について、日本政府は憲法改正を論ずることなく、解釈変更で対応するのです。

僅か三年前に戦争放棄・非武装国家の憲法制定を指導したマッカーサーは、朝鮮戦争の勃発を機会に、吉田首相に対して警察予備隊七万五千人の創設と海上保安庁八千人の増員を指示します。この時の警察予備隊が保安隊を経て自衛隊となるのです。

このように日本が国防上の観点から自主的に自衛隊を創設したのではありません。朝鮮戦争対応の必要性から生まれるアメリカからの要請に基づいて、自衛隊が誕生するのです。

自衛隊の存在という現実を踏まえて、日本政府は昭和二十九（一九五四）年、それまでの「交戦権放棄」の「非武装国家」から、《自衛のために戦うことを合憲とする》という憲法解釈の変更を行うのです。

普通に考えれば、自衛隊は陸海空軍の戦力であり軍隊です。軍隊ならば、交戦権放棄を謳う憲法に違反にします。吉田茂首相はこの時、国会でどのような答弁をしたのでしょう。

彼は自衛隊を軍隊とは言いません。

《名前の通り、自衛のための組織であって自衛隊は軍隊ではありません！》

と言うのです。

この時の吉田首相の発言以降、歴代政府も《自衛隊は軍隊に非ず》を繰り返し、次のような憲法解釈を続けて今日に至っているのです。

《自衛隊は、憲法上、自衛のための必要最小限度を超える実力を保持しえない等の制約を課せられており、通常の観念で考えられる軍隊とは異なるものであって、憲法九条第二項で保持することが禁止されている「陸海空その他の戦力」には当たらない》

朝鮮戦争の勃発でアメリカは日本に再軍備を勧め、日本も自衛隊を創設するのに、なぜ、吉田首相は、このような憲法解釈でしか自衛隊の存在を認めなかったのでしょうか。

日本国民は太平洋戦争の敗戦直後からGHQによって様々な洗脳や制約を受け、また、敗戦から発生する国力の疲弊もあり、さらに、この時期には国民の反戦・厭戦気分もあって、《自衛隊は軍隊に非ず！》という吉田発言も止むを得なかったのかもしれません。

しかし、経済復興も軌道に乗る中で占領統治が終了し、連合国側と講和条約を締結して国際社会に復帰するに際し、なぜ、わが国は戦力としての自衛隊の存在を明確にしなかったのでしょう。

なぜ、非武装国家から武装国家への憲法改正を行わなかったのでしょうか。

日本人から国防意識が希薄化し、独立主権国家としての『自立心』と『誇り』が消えています。

このような状況下において、国防という使命感を持って現場に立つ自衛官は、《自衛隊は軍隊に非ず！》という国家指導者の発言を如何なる心境で受け止めるのでしょうか。

国防の重要性を自覚し、覚悟を持って最前線に赴く自衛官は自らの存在をその時々の憲法解釈によってではなく、「九条改正」による戦力として認められることを望んでいるはずです。

国家の最重要事項を憲法解釈で処理をする日本人を外国人はどう観るのでしょう。

外国人からすれば、《軍事組織を憲法規定ではなく、憲法解釈で認める》、このような日本人の生き方を理解できるでしょうか。

大きな変化や困難に遭遇した際、異論・反論との真向対決を避けるのは、戦後日本の為政者たちの知恵の発揮なのでしょうか。

歴代政府の憲法解釈変更による「自衛隊の合法的存在」は、危機対応への知恵だったのかもしれません。しかし、それは、知恵は知恵でも、小さな知恵と言わなければなりません。目の前の危機を乗り切るための知恵であっても、とても、国家の将来を見通した大きな知恵と言えるものではありません。

確かに憲法の解釈変更という知恵の発揮で、日本政府は目前に生起する様々な問題を解決してきました。しかし、長期的かつ大局的視点の欠落のために、問題解決の都度、その知恵の発揮が、また別の小さなツケを生んできました。

その小さなツケの積み重ねが、戦後七十年の日本社会に『自立心の欠如』や『誇りの喪失』、そして『伝統精神の忘却』という大きな国家的ツケをもたらしているのです。

世界の軍事情勢が大きく変化する今日、日本人は国家の将来を見通した国防・安全保障に関わる大きな知恵を発揮しなければなりません。今こそペリー来航や列強による植民地支配の恐怖を明治維新に繋げていった先達の大きな知恵に学ばなければならないのです。

日本人が国家としての「誇り」を失い、小さな「知恵」の発揮だけに頼って生きていくならば、日本は苛烈な国際社会を独立主権国家として生きていくことはできません。

《憲法残って、国滅ぶ》事態を招かないために、今こそ、日本国民は国防・安全保障に関わる大きな知恵を発揮しなければならないのです。

集団的自衛権　憲法解釈による変遷

「憲法九条」に関連して、集団的自衛権の在り方についても考えなければなりません。

今日のグローバル世界では、国家の安全と生存を自国のみで確保することは甚だ困難です。ですから、価値観を同じくする国同士が、お互いに助け合って安全保障政策を実行していま す。

それが集団的自衛権による安全保障政策であり、代表的な事例としては北大西洋条約機構（NATO）があります。

日本もアメリカとの間で日米安全保障条約を締結しています。

ところが、集団的自衛権の在り方でも、日本政府は解釈変更を続けてきました。

外国人からすれば、何とも理解しがたい解釈を採っているのです。この異様とも言える集団的自衛権解釈は、昭和三十年代後半の佐藤栄作内閣時代に生まれ、以来、わが国政府は、これを踏襲しています。

《憲法九条の規定はわが国の武力行使を禁ずるものであるが、自衛のための武力行使は禁じてはいない……》、しかしながら、

《自衛のための措置は必要最小限度に留まるべきものであり、集団的自衛権の行使はそれを超える恐れがある……》、したがって

《国家としての集団的自衛権の保有は認めるが、現行憲法下では行使できない……》

このように、何とも理解しがたい解釈を続けてきたのです。

ここで、わが国における集団的自衛権に関わる憲法解釈の変遷を振り返ってみましょう。

昭和二十一（一九四六）年の日本国憲法の公布以来、吉田茂内閣、鳩山一郎内閣、岸信介内閣、池田隼人内閣までは、《日本の防衛上、集団的自衛権は必要》であり、《米軍への基地の提供は集団的自衛権の行使にあたる》として、行使容認の解釈が採られてきました。

ただ吉田茂首相は、共産党・野坂参三からの《日本は国家として自衛権を持つべきではな

いのか！》いう質問に対し、当初、《全ての戦争は自衛で始まったので、日本は自衛権も放棄する》と答弁するのですが、昭和二十六（一九五一）年には、朝鮮戦争の影響から自衛権行使を実質的に容認します。

このように戦後歴代内閣が集団的自衛権の行使を認める解釈を続ける中、昭和三十（一九五五）年には、自由党と民主党の保守合同が成立します。新しく生まれた自民党は当然の事ながら、改憲を目指す政党でした。いずれは自分たちの手で憲法を改正し、在日米軍撤退と自主防衛体制実現への意思を持っていました。

ところが戦後二十年以上が経過、経済成長も軌道に乗り、沖縄の日本復帰が実現する佐藤栄作内閣時代に、「非核三原則」・「武器輸出三原則」が同政権の重要政策となります。この重要政策を掲げたことで、自民党は護憲政党に変わります。

ここで佐藤内閣は、集団的自衛権の行使を「容認」から「否認」に切り替えるのです。さらに、続く田中角栄内閣では『日本列島改造論』に代表されるように、内閣の方針は経済発展にのみ照準を合わせたものとなり、国防や安全保障について深い議論がなされることはなくなります。憲法改正が論議されることもなくなってしまうのです。

高度経済成長が続く中、その後の歴代内閣も佐藤・田中両内閣の憲法解釈を踏襲する結果、今日に至るもわが国では、《集団的自衛権の保有は認めるが、行使はできない……》という、外国人にはとても理解できない憲法解釈が続いているのです。

集団的自衛権の権利は有するが、行使はできない

「日米安全保障条約」は昭和二十七（一九五二）年、日本が主権を回復し国際社会に復帰する際、米国に基地を提供するという条件で米国と結んだものであり、米軍への基地提供は集団的自衛権の行使そのものです。

主権回復から三年後の昭和三十（一九五五）年、自由党と民主党が保守合同を実現、自民党として自主憲法制定を目指して出発したはずなのに、なぜ自民党は護憲政党となり、集団的自衛権の行使を否認するようになったのでしょうか。

原因は明白です。佐藤栄作内閣の内閣法制局長官・高辻正巳です。

彼は次の如き憲法解釈を行い、日本における集団的自衛権行使を否認するのです。勿論、彼一人の考えではなく、佐藤栄作首相の国家観・世界観も入ってのことでしょう。

沖縄の日本復帰が実現するこの時期、佐藤栄作首相は「非核三原則」（核を持たず、つくらず、持ち込ませず）を掲げたことで、ノーベル平和賞を受賞します。この平和賞受賞者には、非現実的な「交戦権放棄」を謳う日本国憲法の欺瞞性を正そうとする勇気がありませんでし

た。

彼は総理大臣という国家指導者の立場にありながら、ノーベル平和賞受賞という個人的名誉のために、これまで歴代内閣が積み重ねてきた集団的自衛権行使に関る国防政策を容認から否認へと変えてしまうのです。

（しかし不思議な事に、総理在任中に佐藤栄作はアメリカのジョンソン大統領に「日本核武装論」を申し出ています。そして断られると、ドイツへ核の共同開発をもちかけます。また、後任のニクソン大統領との間で非核三原則の拡大解釈の秘密協定も結んでいます。彼の本音はどこにあったのでしょう。もしかすると、彼は対米依存の国防政策を改める意図を持っていたのかもしれません。彼の国防・安全保障論を是非とも知りたいものです）

このような「交戦権放棄の平和主義者」なのか、それとも「核武装も辞さない再軍備派」なのか、よくわからない総理大臣の下でなされる高辻正巳・内閣法制局長官の集団的自衛権解釈に触れてみましょう。

《他国に基地を提供することは国際法上は集団的自衛権の行使になるが、日本国憲法の解釈では、在日米軍基地は元からあるものだから集団的自衛権の行使には当たらない》

これが、内閣法制局長官・高辻正巳の憲法解釈です。

歴代政府はこれを根拠に《基地提供は集団的自衛権の行使に非ず》、つまり《集団的自衛権の保有は認めるが、行使はできない》という何とも可笑しな憲法解釈を踏襲するのです。

高辻正巳法制局長官は集団的自衛権を行使したくないのでしょう。自国の手で自国の国防・安全保障に関わりたくないのです。だから米軍への基地提供という現実を直視せず、基地の提供は集団的自衛権の行使には当たらないと言うのです。


彼は政府高官でありながら、想定される戦時・有事を考えないアメリカ依存の怪しげな護憲論者です。

このように高辻正巳は、従来の歴代内閣が積み上げてきた憲法解釈を崩してしまいます。保守合同を実現し憲法改正を目指す政党として出発したはずなのに、佐藤栄作内閣以後の自民党政権は、高辻発言を「錦の御旗」に《権利は保有するが、行使はできない》という歪な憲法解釈を持続する護憲政党に変ってしまったのです。

集団的自衛権は国際法上、認められています。国際法上の集団的自衛権解釈に合わせて、国内法を整備するのが真面な国家です。それが、国家・国民を護るということです。

集団的自衛権の行使容認

日本政府は長年にわたり、このように集団的自衛権の行使を認めてこなかったのですが、平成二十六（二〇一四）年第二次安倍内閣において、わが国を取り巻く近年の安全保障環境の変化に対応するため、「集団的自衛権行使を限定容認する」という閣議決定をします。

この閣議決定以来、国会周辺では安保関連法案を「戦争法案」として反対するデモや抗議集会が何度も開かれるようになりました。大半の新聞にも「平和主義の否定」「立憲主義の破壊」といった論調の記事が目立つようになっていますが、私は、今回の閣議決定を「対米依存からの脱却の第一歩」と評価します。

これから様々な法整備に向けての議論がなされていくのですが、今回の行使容認の閣議決定に対し、日弁連を含む護憲勢力から早速、予想通りの次のような反論がなされています。

- 「憲法との整合性」が取れない
- 「他国の戦争に巻き込まれる」可能性がある
- 「徴兵制復活」につながる

・「平和主義国家の理念」が風化する
・「地球の裏側」にまで戦争をしに行くことになる

これらの考えの人々は、〝平和、平和！〟と叫んでいれば、平和が担保できると考える一国平和主義者です。空想的平和主義者です。世界の現実を直視していません。国境を越えて出来《しゅったい》する事象が何を示唆しているのか、真剣に考えようとはしません。

彼ら護憲勢力は、過去にも同様の行為を取っています。

昭和三十五（一九六〇）年の「日米安保条約」改定、その後の「国連平和維持活動（ＰＫＯ）協力法」や「周辺事態法」制定の際にも、《日本国憲法の平和主義に違反する！》、《アメリカの戦争に巻き込まれる！》と法案の制定に反対し、政府を批判し続けました。

現実はどうでしょう。

岸内閣が行った「安保改定」で日本はアメリカの戦争に巻き込まれたでしょうか。

「六〇年安保改定」が抑止力となり、日本は半世紀以上にわたり平和を維持してきました。

また「ＰＫＯ法案」に関しても、今日では日本国民の大多数が自衛隊の平和維持活動を評価し支持しています。これらの事実を、彼らはどのように解釈するのでしょう。

《地球の裏側まで行く、行かない》、《その必要があるのか、ないのか》は、アメリカに命令されて行うのではありません。日本人自身が国益を考え判断することです。

戦後日本人は、なぜ、自分の事を自分の事として考え、物事に対峙しようとしないのでしょうか。国防・安全保障という国家の最重要事項は、自分たちには関係のない事だと思っているのでしょうか。空想的平和主義者と言われても仕方がありません。

戦後日本人は、当時、マッカーサーが日本人に言った《日本は東洋のスイスたれ！》という言葉を唯々、情緒的に受け入れているのでしょう。おそらく、このような日本人は、スイスを非武装中立国だと誤解しているのではないでしょうか。

世界に武装中立国家は存在しえても、非武装中立国家は存在することはできません。

スイスは集団的自衛権を認めていません。集団的自衛権を認めない代わりに、スイスはそれ相当の自己負担をしています。永世中立国である以上、他国の戦争に関与せず、他国に助けを求めることもしないのです。

しかし、他国が攻めてこないという保証はありません。そのためスイスは徴兵制です。《自分の国は自分で護る》という独立主権国家としての基本的なポリシーを堅持しているのです。スイス国民は、国家の存立・存続には経済活動だけでなく、国防の要としての軍事力の大切さを理解しているのです。

日本人が集団的自衛権の行使容認に反対なら、スイスのように「他国の戦争に関与せず」、「他国の助けも求めず」という中立国になることです。しかし中立国宣言をしたからといって、他国が攻めてこないという保証はありません。だから、武装中立なのです。

護憲派の人たちは、国防や安全保障についてどのように考えているのでしょう。

彼らは、《同盟国は自国を護る義務を有するが、自国は憲法規定によって同盟国を護ることはできない》と言い、集団的自衛権の行使を否認します。

これでは、同盟国に対する背信行為でしょう。同盟国を護れないのなら、同盟国から護ってもらうという手前勝手な考えを捨て、自主的な国防体制を採らなければなりません。

それとも彼らは、国防や安全保障には軍事力は不要だと考えているのでしょうか。

外交努力だけで国家の存続と国民の生存を護ることができると思っているのでしょうか。

このような独立主権国家として、また日米安保条約の当事国として何とも説明のつかない国防政策を採り続けるならば、アメリカからは真の同盟国・友好国とはみなされず、戦後の日米関係そのままに、属国外交しか展開できなくなるでしょう。

いや、国際情勢の進展如何によっては、自国の防衛、安全保障という国家存立の基盤を何十年にもわたり他国に依存し続ける手前勝手な国として、アメリカからも愛想を尽かされ、果ては日米安保という後ろ盾を失い、国際社会で孤立してしまうかもしれません。

戦後七十年の今日、日本は独立主権国家としての「国防の在り方」、そして同盟国との間で結ぶ「集団的自衛権の在り方」が問われています。一日も早く占領統治の総括を行い、今日の世界情勢に対応し得る新しい国防・安全保障体制を築き上げなければなりません。

日米安全保障条約

戦後のわが国の平和と安全は、日米安全保障条約によって護られています。

ここで日本の集団的自衛権行使の法的根拠である日米安保条約について考えてみます。

昭和二十七（一九五二）年、サンフランシスコ講和条約発効で国際社会に復帰した日本は、時の総理大臣・吉田茂の判断に基づき、アメリカとの間で日米安保条約を結びます。

条約内容は、《基地の提供を条件にアメリカは日本の「国家主権の回復」を認める》というものであり、当初はアメリカに日本への「防衛義務」はありませんでした。

東西冷戦の最中、アメリカは日本に基地を置くことそのものが共産主義勢力への抑止力になると考えたのでしょう。吉田首相は、自前の国防体制の整備・構築には多大のコストとリスクがついて回るため、自国の国防・安全保障は米軍に任せ、「経済国家の建設」を第一義として、基地の提供を条件に日米安保条約を結ぶのです。

当時の日本の置かれた立場、またアメリカとの国力の差などを考えれば、この時の吉田茂の決断は止むを得ざるものであったのでしょう。

しかし、その後の経済発展の中で片務的安保条約改定の機会は何度もあったはずです。ところが、吉田茂の頭には対米依存の国家運営を切り替えるという考えはありません。《自国の生存と安全を他国に委ねる》という生き方を選ぶのです。

このような国家指導者を戴いて、日本国民の心の中から《自分の国は自分で護る》という独立主権国家としての基本的な考えが希薄になり、「日本人の精神的弱体化」が進行していくのです。

精神を弱体化された日本人の登場、それは、まさしく国家にとっての国難です。

残念な事に、今日の日本人の多くは物質生活の充実に異常なまでの関心を払うあまり、進行しつつある「日本の国柄」や「日本人の精神性」の崩壊に気付くことがありません。今や日本人の多くが、「伝統的価値観」の崩壊が国家の根幹を揺るがすまでになっている、つまり、大きな国難がわが国を襲っているという自覚を持つことが出来ないのです。

三度目の国難は日本人の生き方に原因がある

今日、私たち日本人は近世以降三度目の国難に遭遇しています。

一度目は欧米列強から開国を求められた幕末から明治維新にかけての時であり、二度目は太平洋戦争での敗戦です。この二度の国難は、何れも外部からもたらされたものでした。この時の日本国民は国難に立ち向かい、これを撥ね退けて近代国家を創りあげるのです。

国家再興の原動力となったのは、どのような人たちだったのでしょう。

一度目は、幕末に藩校や寺子屋で「日本人としての生き方」を学んだ維新の志士たちであり、二度目は、戦前の「規律と秩序」で己を律し、他人には「思い遣りと寛容」の心で応じるという「公」重視の教育を受けた私たちの父母であり、祖父母たちです。

彼らは日本の「国柄」と日本人の「精神性」という国を支える基軸の価値を信じ、これらを護るため必死の努力を続けました。

彼らの信念と努力が二度の国難を克服するのです。

三度目の国難、つまりＧＨＱの占領統治によってもたらされた《精神を弱体化された日本人の出現》は、前二回よりもさらにおそろしいものです。

それは、その原因が外部ではなく、内部に存在しているからです。日本人が自国の「国柄」や民族としての「精神性」、自国の歴史や伝統、文化や風習に価値を見い出さず、護ろうともしない。祖国に対して誇りを抱かない。

GHQの「民主化」と「近代化」政策がもたらす快適で便利な生活にどっぷりと浸かり、国家存立の基盤とも言うべき国防や安全保障、また国家百年の計としての教育について真剣に考えようとしない。

まさに三度目の国難発生の原因は、今日の日本人の生き方の中にあるのです。

私の考えでは、三度目の国難その遠因を辿れば、昭和二十六(一九五一)年、サンフランシスコ講和条約の締結により、わが国が独立主権国家として国際社会に復帰するに際し、時の首相・吉田茂がアメリカ政府との間に結んだ日米安全保障条約に行き着きます。

占領統治終了直後の事であり、当然ながら日米両国間には大きな国力の差がありました。しかし、この条約内容は国力の差を勘案したとしても、世界の主権国家の常識からはとても考えられるものではありません。その条約内容の骨子は、次のようなものです。

①アメリカは、アメリカだけの判断で日本の中に米軍基地を置くことができる

②アメリカは、日本の防衛義務を負わない
③本条約は、期限を切らない

これが、日本の指導者たる吉田茂が結んだ日米安全保障条約の骨子です。

吉田茂の国防・安全保障政策に大きな疑問

まるで、日本はアメリカの属国ですと宣言したようなものです。日本の復興、そのための「経済国家の建設」という吉田ドクトリンの実現を優先するあまり、吉田茂の頭の中から国防・安全保障という国家にとって最も大切なテーマが消えています。

東西冷戦の最中、吉田茂は、日本への防衛義務を負わないとするアメリカであっても、日本に基地を置くことそのものが共産主義陣営に対する抑止力となり、日本の安全保障に資すると考えたのでしょうか。

さらには、基地の提供によって、半永久的にアメリカ頼みの国防・安全保障政策を採ろうとしたのでしょうか。

日本の復興に関して、吉田茂の存在とその手腕を評価する声がありますが、私は彼の思考と行動を理解することができません。

彼は国際社会における自国の外交・防衛に対して、どのような考えを持っていたのでしょう。目先の独立ということだけではなく、主権国家としての将来の国防や安全保障について、いかなる構想を持っていたのでしょうか。

講和条約の発効、つまり日本にとっての国家主権の回復がアメリカとの間で新たに締結する安全保障条約とのセットであるとするならば、当時の日米両国の力関係から既述の内容を受諾せざるを得なかったのかもしれません。

しかし彼の思考と行動を思う時、私はこの条約内容には吉田茂本人の意思も入っていたのではないかと考えてしまうのです。

日米安保条約発効の二年前に勃発した朝鮮戦争によって、アメリカは対日政策を根本的に変え、日本に対して再軍備を求めています。しかし吉田茂の考えは、独立国としての再スタートはあくまでも「経済優先」でした。

ここまでは、当時の状況から理解できないこともありません。

ところが、その後の吉田茂の国防・安全保障政策には大きな疑問が残るのです。講和条約発効時点での自国主体の国防体制の構築は叶わぬとしても、その後の経済発展の中で独立主権国家の意思として漸次、片務的安保条約の改定をアメリカ側に申し入れることは十分に可能だったと思われます。また、そうすることで日本国民の国防意識の希薄化に歯止めをかけることができたはずです。

しかし、吉田茂の考えは異なりました。

彼の行動からは、国防という国家最大のテーマを自国で行う意思が見えません。基地提供と引き換えに、アメリカに自国の領土保全と国民の安全保障を委託してしまうのです。国家にとって経済発展は重要です。しかし、《自国の安全と生存を他国に委ねる》という国家防衛思想では、いずれ国家は機能不全に堕ちいってしまうでしょう。

戦後日本人から、《自分の国は自分で護る!》という民族として最も大切な精神を捨てさせてしまう第一歩がここにあるのです。

今日の多くの日本人に見られる国防意識の希薄さは、この時の吉田茂の判断に起因しているという想いを私は捨てきることができません。

国防意識なしの安保改定反対運動

八年の時を経た昭和三十五(一九六〇)年、日米安保条約は岸信介により改定されます。

①日本国内での米軍基地の設置は、日米両国の合意に基づく
②アメリカは日本防衛の義務を有す
③条約の期限は十年とする

この改定は、《日本は基地を提供する代わりにアメリカに護ってもらう》という考えが基本となっており、相変わらず《自分の国は自分で護る》という精神が欠落しているとはいえ、吉田茂が結んだ初期のものよりは「日米合意による基地設置」「米軍の日本防衛義務」「十年という期限の設定」など、条約としての内容は進歩したものとなっています。

ところが日本国民は、この岸信介主導の安保改定に反対するのです。

反対の理由は、《アメリカに護ってもらうのではなく、自主防衛を行う》という独立主権国家本来の国防意識に基づくものではありません。

《アメリカと結ぶ安保条約そのものが、再びわが国に戦争をもたらす》という理由で、条約改定に反対するのです。

反対運動は六〇年安保闘争となって多くの日本国民を巻き込むのですが、この間においても日本国民は反米感情から〝安保反対〟、そして〝戦争放棄〟や〝再軍備反対〟、また〝非武装中立〟を叫ぶばかりで、自国の国防・安全保障に対する具体的論議を行いません。

《自分の国は自分で護る》という議論をしないばかりか、《アメリカは日本を護る義務を有する》という条約改定にも反対するのです。

自前の国防・安全保障体制をとらないだけでなく、驚くべきことに、アメリカは日本防衛の義務を有するという条約改定も不要だと叫ぶのです。この時の日本国民は独立主権国家としての国防や安全保障について、いかなる考えを持っていたのでしょう。

「日本人の精神的弱体化」の象徴である《……平和を愛する諸国民の公正と信義に信頼して、われわれの安全と生存を保持しようと決意する……》という日本国憲法前文が、本当にわが国の安全と平和を守ってくれると考えていたのでしょうか。

第五章　戦争をしないために

激動の時代　日本国民としての忘れ物

近代化への道を歩み始めた幕末から、大略一五〇年の現在の日本。

私たちの先達は、様々な知恵を発揮して国難を払い除け、近代国家を築き上げてきました。

国民の努力、つまり、知恵の発揮で勝ち取ったわが国の経済的繁栄、この「太平の世」はいつまで続くのでしょうか。

世界は再び激動の時代を迎えています。

戦後日本人は、経済的繁栄を謳歌する中、ＧＨＱの占領政策によって民族としての『自立心』と『誇り』と『伝統精神』を失ってしまいました。

とりわけ深刻なのは『自立心』の欠如、つまり、独立主権国家としての『国民の自覚のなさ』です。国防・安全保障という国家存立の基盤を、何十年にもわたり他国に依存し続けているのです。

東西冷戦は終結したものの、民族紛争は後を絶ちません。

新たに対テロ戦争という難題も生じています。

核戦争の危惧もゼロではありません。

国際社会は新たな大変化の中にあり、新自由主義による格差拡大が民族主義を煽り、紛争への大きな火種となっています。

世界各国の対応如何では、二十一世紀は前世紀以上の混乱の世紀になるかもしれません。将来の軍事上及び経済上の国際的混乱が予見される今日、経済的繁栄を成し遂げた日本人は、国家存立の基盤たる国防・安全保障に対して如何なる考えを持っているのでしょうか。

『自立の心』を失った日本人は、日本国民としての大きな忘れ物をしています。《自分の国は自分で護る！》ということを考えようとしません。

国家存立への最重要課題である国防・安全保障について、戦後日本人は考えることを忘れています。

世界の軍事情勢が激変しているのに、その「変化に対応」しようとしないのです。

〝戦争反対〟を叫ぶばかりで、具体的な「変化に対応」するための知恵を発揮しようとしないのです。

自らの豊かな生活実現のために様々な知恵を働かせてきた私たち日本国民なのですが、国家存立の根幹に係わる国防や安全保障に対しては、日本人の多くが知恵を働かせようとはしません。出来《しゅったい》している軍事上の「変化に対応」しようとしないのです。

自分たちの国は自分たちで護る！　精神の醸成

戦後日本人の「国家の存立」に対する関心は、希薄になる一方です。

第二次大戦の敗戦以降、交戦権放棄の憲法を制定し、教育勅語を廃止して伝統精神・伝統文化を失い、ＧＨＱの占領統治によって精神的弱者へと洗脳され続け、東京裁判を無批判・無定見に受容して自虐史観を身に付け、片務性という危うさを含む日米安保条約を改正しようとはせず、権利は保有するが、憲法上、その行使はできない、という何とも理解しがたい集団的自衛権解釈を続けてきました。

これらわが国の、およそ主体性のない外交・安全保障政策が、ロシアと韓国による北方領土や竹島の実効支配、また北朝鮮による数百人に及ぶ日本人拉致、またエスカレートする一方の中国による尖閣諸島への威嚇、さらにはわが国の安全保障政策に対して大きな脅威となる核保有近隣三国（ロシア・中国・北朝鮮）の恫喝外交を誘発しているのです。

日本の安全を脅かす事態が継続的に出来《しゅったい》しているにも拘わらず、戦後日本社会においては、これらに対する国防・安全保障上の対応が国民的議論となることはありませんでした。

私たち今日を生きる日本人は、これらわが国の存立を揺るがしかねない安全保障上の大きな「変化に対応」しようとする意志を持っているのでしょうか。危機回避のための知恵を働かせているのでしょうか。経済発展に向けて発揮されてきた知恵は、国防・安全保障にも向けられるのでしょうか。

残念ながら今日を生きる日本人の知恵は、そのほとんどが経済発展（物質的生活の充実）に向けられ、国防・安全保障には向けられることはありません。

現在、わが国の国防・安全保障政策は、極々一握りのその道の専門家たちの知恵に委ねられ、多くの日本人が〝それで良し〟としています。日本人は、国家存立の基盤たる国防・安全保障に対して〝戦争反対〟を叫ぶばかりで、具体的な危機への対応については、〝我、関せず！〟の姿勢を取り続けているのです。

国防・安全保障には専門家の知恵は絶対条件です。

しかし、それが全てではありません。彼ら専門家の提言や政策に対するチェック機能が必要です。わが国の伝統や習慣、また、日本人が育んできた倫理観や国際常識など専門家に対するチェック機能が求められるのです。

だから、日本国民は国防・安全保障に対して〝我、関せず！〟の姿勢を改めなければなりません。国防・安全保障に無関心な姿勢を取る独立主権国家は、世界のどこにも存在しません。自らが生を享けた国の存続と子孫の安寧を願うならば、いま私たち日本人は世界に出来《しゅったい》する軍事上の変化から目をそらしてはならないのです。

一握りの専門家たちの主導する国防・安全保障政策が変化し続ける時代や環境に対して整合性が取れているのかどうか、私たち日本人はもっと大きな関心を持たなければなりません。

そして、独立主権国家としての国防・安全保障の重要さを自覚したうえで、一日も早く国民の中に、《自分たちの国は自分たちで護る！》という国民として当たり前の精神を醸成していかなければならないのです。

抑止力としての外交

国家が戦争を避けるためには、唯、単に〝戦争反対〟と叫ぶだけではなく、「外交の在り方」と「抑止力の保持」について、具体的、現実的に考えなければなりません。

まずは「外交の在り方」、つまり戦争回避にはどのような外交が必要なのかについて考えてまいります。

《自国の生存と安全を一任してしまう》戦後の対米外交はもとより、《謝罪の歴史》とも言うべき対中、対韓外交には、改めるべき問題が存在し続けています。

「日本人の精神的弱体化」という狙いの下に展開されるＧＨＱの占領政策によって、自国の「国防・安全保障」について、「自分の事」として真剣に考えない多くの日本人が生まれました。国家存立への最重要課題を他国に依存し続けても、何の痛痒も感じないオメデタイ日本人が生まれるのです。

彼ら国防・安全保障における対米依存者は、〝戦争反対〟や〝憲法護持〟を叫ぶばかりで、《戦争をしないためには、何が必要なのか》について具体的に考えようとしません。知恵を働かそうとしないのです。

〝平和ボケの日本人〟と言われても仕方がありません。

平和ボケの日本とは異なり、国際社会は苛烈です。第三次大戦こそ生起しないものの、国際社会での民族紛争・対立が絶えることはありません。

苛烈な国際社会においては《勝てば官軍、負ければ賊軍》、この格言は今でも真理です。過ちを繰り返さないためには、戦争の結果に対して多角的な分析と深い考察が必要です。

戦勝国に必ず正義が存在するのではありません。

戦争は当事国に対して〝正義か、それとも不正義か〟を問うものではなく、外交上の〝勝ち負け〟を問うものです。

ひとたび戦争になれば、国家は多くの国民の生命・財産を失うことになります。

そして負ければ、民族としての「国柄」や「精神性」を否定されるだけでなく、賠償金の支払いや領土の割譲、そして国家主権の剥奪という占領統治の屈辱が待っているのです。

戦争を外交上の問題と捉えるなら、当事国には必ず、当事国としての主張や言い分があるはずです。あらゆる方法で、自国の主張の正当性を明らかにするのが国のあるべき外交の姿です。

自国の戦いを国家指導者自らが〝侵略行為〟という国家は、世界の歴史の中で日本以外には存在しません。私たち日本国民は、このような国家指導者の思考や行動は決して戦争防止にはならないということを自覚しなければなりません。

国家が戦争を避けるためには、政治・経済・文化、また、その国の歴史や宗教、そして教育などに対する多角的な分析と考察からなる政策が求められるのは当然ですが、最も重要な事は、その国の外交の在り方です。

一国の指導者がいかなる姿勢と覚悟をもって、外交の場に臨むかということです。

外交は、《主張と妥協》の連続です。国家指導者の果たすべき役割は、自国の主張・言い分を堂々と紛争当事国を含め全世界に発信することです。

一国の指導者が国際社会に向かい自国の主張の正当性を発信すれば、当然ながら賛同もあれば、異論反論はもとより激しい批判や反発も出てきます。それら各国からの批判や反論、問い掛けなどの内容を吟味・検証し、対策を講じたうえで妥協点を探っていかなければなりません。それが「国柄」も「精神性」も異なる国家間で展開されるべき外交です。

とくに歴史認識の異なる国に対しては、自国の考えを提起し、その正当性を主張しない限り、何も始まらないし、解決へのスタートラインに着くことさえもできません。相手国の主張に真摯に向き合うと同時に、自国の考えを明確に打ち出すことが必要です。

そこではじめて本格的な議論となり、紛争解決への外交へと発展するのです。

大手新聞各社の誤報に発する教科書問題をめぐる「近隣諸国条項」の策定、そして捏造と理論のすり替えからなる「南京大虐殺」や「従軍慰安婦問題」への反論なき対処、また、一国の宗教問題（先祖供養）であり、本来、内政不干渉であるべき「靖国神社」への参拝自粛など、戦後の日本政府が行ってきたことは独立主権国家の外交と言えるのでしょうか。

外交の基本である《主張と妥協》から成り立っているのでしょうか。

私には、《妥協》はあっても、《主張》は感じられません。

これらは近隣諸国（実質は特亜三ヵ国）に配慮し、自国の主張を抜きにした「その場しのぎの対応」でしかなく、独立主権国家の真面な外交と言えるものではありません。

歴史観の異なる国との紛争を恐れて「事なかれ主義」に陥るのではなく、自国の国益に基づく考察を積極的に発信することです。「事なかれ主義」は紛争解決策ではありません。

それは、解決すべき問題の先送りであり、紛争当事国からの謝罪要求の根源なのです。

歴史観の異なる国家との外交には、自国の国益に基づく主張を積極的に発信しなければ、何も解決しないのです。お互いの国益のぶつかり合いの末にしか、本当の解決は生まれないのです。

抑止力としての軍事力

続いて、「抑止力の保持」について考えてみましょう。

《主張と妥協》の連続である一国の外交を機能させるためには、軍事力の存在が必要です。国際社会では、ある意味での相互主義も必要です。時と場合によっては《目には目を!》、《歯には歯を!》という姿勢を示すことも必要です。相手国からの糾弾に対して、何の反論もせず《侵略して悪かった》と謝罪するだけの情緒主義で全ての問題が解決されるのではありません。

《目には目を!》、《歯には歯を!》という相互主義は「復讐の謂れ」ではなく「自衛の謂れ」です。重要な抑止力の一つなのです。

抑止力の重要性を理解するには、世界の現実を直視しなければなりません。

国際社会の中で各国が展開する外交は、軍事力によって支えられています。軍事力なき外交では、その国の交渉力・説得力は半減します。かって、日本共産党や社会党が大きく主張した「非武装中立」や「戦争放棄」という言葉は人間の耳には心地よく響きますが、世界の現実とは乖離しています。

「武装中立」はあり得ても、「非武装中立」では国家は国際社会の中に存続できません。一つの国家に、国内的には治安維持のために警察力が求められるように、国際社会では国家・国民の生命・財産を護るために、国家が軍事力を持つのは当然の事です。

永世中立国・スイスは、永世中立という国家理念を護るために国民皆兵の軍隊が存在します。武装中立です。国家を護るのは耳触りのいい言葉ではなく軍事力だと、スイス国民は世界の現実を理解しているのです。

私は《軍事力が全てだ》と言うのではありません。《外交よりも軍事力を優先せよ》と言うのでもありません。軍事力より外交によって、事の解決を計らなければならないのは言うまでもないのですが、その外交が情緒主義でなされてはならないと言っているのです。軍事力に支えられて、一国の外交は力を発揮するのです。

この現実を直視しなければなりません。軍事力は他国からの侵略を防ぐ抑止力です。外交はその軍事力を背景に展開されているのが世界の現実なのです。

「国柄」も「精神性」も異なる世界の各民族が、同じ歴史観を持つのは不可能です。従って国民を不幸に陥れないためには、《戦争をしない》ことです。しかし、《戦争をしない》ことは、《国防・安全保障政策不要論》と同じではありません。《自国が戦争をしない》ことと《他国が攻めてこない》ことは、決してイコールではありません。

国家の存立にとって、国防・安全保障は最重要テーマであり、軍事組織・軍事力の存在は極めて大きな抑止力なのです。

かってイギリスのサッチャー首相（当時）は、《大国同士の核保有が第三次世界大戦勃発の抑止力となっている》という趣旨の発言をしました。

今日の国際社会では、「戦争が国家行為」であるのに対して、《核使用は国家行為ではなくジェノサイト、つまり民族抹殺》と認識されています。

世界で唯一の被爆国である日本人は、ジェノサイト容認と誤解されかねないサッチャー発言を評価しません。しかし異論はあるものの、国際社会には、世界の現実をふまえた至言とする国家も存在していることを認識しておかなければなりません。

第六章　東京裁判

列強による植民地主義・帝国主義の時代

次に、戦後日本人変容の二つ目の要因であるGHQによる『東京裁判の主導』について考えてみたいと思います。

東京裁判で日本人は、民族としての『誇り』を失ってしまいました。

戦後教育を受けた日本人の多くは今日に至るも、《日本はアジア諸国を侵略した悪い国、誇りの持てない国》という自虐史観を引き摺り続けています。

日本が戦争当事国となった日清・日露、そして太平洋戦争は間違いなく日本の歴史です。しかし、世界の中で日本の歴史だけが単独に存在するのではありません。日本史は世界史の一部を構成しているのです。その日本史を世界史の一部、つまり世界の歴史との関連という視点で観ることが大切です。そこから、もっと大きな歴史の構図が観えてきます。

東京裁判が《太平洋戦争の原因は全て日本の植民地支配にあり！》と断罪するのなら、連合国は、西欧列強によるアジア・アフリカ諸国への植民地支配についても考察する必要があります。

日本の台湾や朝鮮支配を溯る三〇〇年も前から行われてきた列強による植民地支配の実態

はいかなるものだったのでしょう。その実態と併せて考えることが必要です。西欧列強は何百年にもわたり、アジア、アフリカ、南アメリカの原住民を殺戮し、奴隷にし、彼らの産品を収奪してきました。

しかし今日に至るも、《侵略して悪かった》と「謝罪」した国を私は寡聞にして一国として知りません。また日本のように、《他国を侵略した悪い国》という「自虐史観」を引き摺る国も耳にしたことがありません。

私は、《列強が謝罪しないのはケシカラン！》と言うのではありません。また、《謝罪は不要だ！》と言うのでもありません。

列強によってもたらされた何世紀にも及ぶアジア、アフリカ、南アメリカ諸国に対する植民地支配という事象は、人類の歴史にとって悲しくも悲惨極まるものであり、二度と繰り返してはならないものです。

しかし戦後の日本政府の如く、植民地支配に対して情緒的に謝罪を繰り返したり、また逆に中韓両国のように、講和条約締結後にも執拗に謝罪を求め続けるだけでは、関係当事国にとって、将来に向かっての問題解決にはなりません。関係悪化を招くだけなのです。

国際社会は、十五世紀に始まる大航海時代以降二十世紀の中頃まで、「植民地主義」・「帝国主義」を経験してきました。

この数世紀は文字通り弱肉強食の時代です。

経済力と軍事力に勝る当時の西欧列強には明らかな人種差別的思想があり、異民族との協和という発想はありませんでした。だから何世紀にもわたり、列強は過酷な植民地支配を続けたのです。

そのような時代背景の中で生起した事象に対して、単純に今日における世界の民主主義国家の間で確立している「自由・権利・平等」という価値観だけで、事の善悪を論じても何も解決しません。

侵略されたくなければ自らが軍事的・経済的能力を備えることですが、当時のアジア、アフリカ諸国の実情から、それは不可能なことでした。そこには、その時代に至る数世紀に及ぶ大きな歴史の流れが存在するからです。

大切な事は、後世を生きる人間が過去の出来事を歴史の教訓と受け止め、二度と失敗を繰り返さないことです。歴史の現実から、世界の現実から、将来への教訓を学ぶことです。

日本の植民地支配に話を戻しましょう。

日清・日露の戦いの後、日本は台湾と朝鮮を統治、その後に満洲国を建国するのですが、その実態は、唯々、収奪からなる欧米列強の植民地支配とは、まるで異なるものと言ってもいいでしょう。この事実について触れる列強は、一国として存在しません。

中韓両国は今日に至るも、わが国の植民地支配を糾弾し続けています。

それに対して、海部俊樹、橋本龍太郎、細川護熙など、わが国の歴代国家指導者は反論することなく、唯々、謝罪を続けてきました。

謝罪は、その後も終戦五十年の「村山談話」、同六十年の「小泉談話」へと続きます。その内容は、国家指導者が自国の主張をほとんどせずして、関係国に謝罪するものです。

彼らの謝罪が当事国との関係修復に役立ったのでしょうか。

結果は逆です。ますます関係当事国との外交関係を複雑困難なものにしてきただけです。さらに中韓両国は、終戦七十年を迎える平成二十七(二〇一五)年発表の「安倍談話」に対して、「侵略」と「謝罪」をベースにした内容であることを求めるのです。

このままでは、それこそ八十年、九十年はおろか「一〇〇年談話」、つまり一〇〇年経っても謝罪を求め続けられることでしょう。日本は、本当に一〇〇年間にもわたって、謝罪を続けなければならないのでしょうか。

日韓併合にも満州国建国にも、当時の国際情勢が大きく影響しています。決して、日本の植民地支配という意思だけによってもたらされたものではありません。

しかも主権回復後には、日本は国際法に則り、中韓両国と講和条約を締結し、さらに近代化のためにODAなどの経済支援を中韓両国にどれほどやってきたのでしょう。

数年間にわたり、国家予算を超えるほどの経済援助をしています。中国は日本の経済援助によって「経済大国への基礎」を築き、韓国も「漢江の奇跡」と言われる経済発展を成し遂げてきたのです。

東京裁判の実態

中韓両国による日本へのあくなき謝罪要求は、「東京裁判史観」に基づいています。これほどまでに戦後日本人の生き方に大きな影響を与え続けている東京裁判とはどのようなものなのでしょうか。その実態を観ていくことにします。

東京裁判とは、第二次大戦の戦勝国であるアメリカを中心とする連合国が敗戦国・日本の戦争犯罪を裁いたものです。東京裁判というのは通称で、正式には「極東国際軍事裁判」と言います。

この東京裁判では、戦争を始めることに関係した人をA級、戦争を指揮する立場の人をB級、命令の下に戦争を実行した人をC級と分け、A級は東京で、B級、C級の人たちは横浜、南京、シンガポール、マニラなどの各地で裁判が行われました。

A級、B級、C級という区別は罪が重い、軽いということではなく、当時、日本国民として当人がどのような職位・立場で戦争に関わっていたのか、によって分類したものです。

東京裁判といえば、私たちはすぐにA級戦犯のことに想いがいくのですが、被告として裁かれ、刑の執行を受けたのは圧倒的にB級、C級戦犯の方が多いのです。A級戦犯の死刑者は七名ですが、B級、C級では、九四八名の人たちが死刑に処せられています。いずれも裁判というには程遠い、リンチとも言うべきやり方で裁かれたのです。

私たち今日を生きる日本人は、A級、B級、C級戦犯合せて一〇〇〇名近い人間の処刑という衝撃的な出来事だけを注視しがちですが、それでは真実が見えてきません。裁判の「法的根拠」や「目的」、その「手法」などについても、冷静な思考力と考察力を働かせ、よくよく考えなければなりません。

裁判内容は、満州事変から太平洋戦争にいたる一連の日本の行為を「侵略」とする連合国側の断罪を審理するもので、二年間にわたる審理の結果は日本の有罪となります。

日本を侵略国家と断じた有罪判決により、日本の「伝統文化」・「伝統精神」が悉く否定され、日本人自身が自国の歴史や伝統を否定的に見るという、いわゆる自虐史観を身につけてしまうのです。戦後七十年を迎えても、日本人の多くは東京裁判に発する自虐史観を克服することができません。

東京裁判は、今日に至るも日本人の精神構造に大きな影響を及ぼし続けています。とりわけ、国家の将来を担うべき中・高校生に対して行われる《日本はアジア諸国を侵略した悪い国、誇りの持てない国》という自虐史観に満ちた戦後教育の影響は深刻です。

このように日本の侵略性を世界に喧伝する東京裁判ですが、実は、この裁判は国際法に則った公正な裁判と言えるものではないのです。裁判という名を借りた戦勝国による敗戦国への、言わば、「復讐の儀式」とも言うべきものです。

それには、四つの大きな理由があります。

戦勝国による敗戦国への「復讐の儀式」

理由の一つ目は、A級戦犯有罪の根拠を「平和に対する罪」としていることです。「平和に対する罪」は国際法の世界に存在しない事後法であり、法治社会の鉄則である『罪刑法定主義』に明らかに違反しているのです。

当時の国際法や文明国の法律では、戦争それ自体を犯罪とは規定していません。

国際条約においても、国家の責任は問われても、戦争を計画し、準備し、実行したとして、ひとり一人の個人の犯罪とする規定はどこにもないのです。

理由の二つ目は、占領軍であるマッカーサー司令部が作成した『極東軍事裁判条例（チャーター）』に基づいて戦争犯罪人を起訴したことです。

戦争犯罪を裁くのは国際法というのが近代国家の共通した立場であり、マッカーサー主導の裁判そのものが国際法違反なのです。敗戦国の占領統治を行う連合国軍総司令官という一時的な行政官のトップにすぎない人間が、勝手に司法権と行政権を行使して法を制定したものであり、三権分立の原則に照らしても、民主主義の基本を無視しているのです。

理由の三つ目は、裁判官が全て「戦勝国側の人間」だということです。

スポーツの国際大会では、レフェリー・ジャッジ全員が試合をしているプレーヤーと同一国人ということはありません。東京裁判では裁判長と十一名の判事全員が全て戦勝国の人間なのです。このような組織構成では、中立で公正な裁きなど期待できる訳がありません。

理由の四つ目は、裁判の目的が極めて「恣意的」だということです。

東京裁判は罪刑法定主義や国際法に準拠していないという裁判構成上の要件問題だけでなく、その内容は過去の列強によるアジア侵略の正当性を誇示するため、満州事変から太平洋戦争までの日本の行為を、全て侵略と断じる筋書きに基づくものだということです。

A級戦犯として逮捕された二十八名は「戦争犯罪人」として起訴されるのですが、当時、世界の文明国が共通して認識・理解している戦争犯罪人の定義は、次の四つです。

①戦闘者の捕虜虐待など不法行為　③略奪行為
②非戦闘者の戦闘行為　④スパイ行為

このように、日本がポツダム宣言を受諾した当時、「戦争犯罪」という概念の中に「平和に対する罪（戦争を「計画」し、「準備」し、「実行」した罪）」といった類のものは、先進国の法律にも国際法の中にも存在していないのです。

裁くべき根拠となる法律が存在していないにも拘わらず、連合国側は、日本の指導者たちが「平和に対する罪」を犯す意図を持って共同謀議を重ねたという筋書きを作るのです。

このように、恣意的に作られた筋書きに基づいて行われたのが東京裁判なのです。

この裁判で、東条英機らのA級戦犯が戦争犯罪人として有罪判決を受けることになるのですが、その判決理由は次のように真面な日本人にとっては納得できるものではありません。

《日本の指導者たちは何年にもわたり共同謀議を繰り返し、侵略戦争を実行した！》

この判決理由が、東京裁判の「恣意性」を物語っています。

東京裁判の正当性

平成の今日と同様に、満州事変から太平洋戦争敗戦までの十四年間、わが国では十七人（実質十五人）の総理大臣が誕生しています。政党人や官僚、また公家出身者や軍人などから輩出しており、平均すると一年に一人の総理大臣が生まれているのです。

このような状況下において、侵略戦争への共同謀議ができるのでしょうか。

《日本の指導者たちは何年にもわたり共同謀議を繰り返し、……》

この判決理由は事実に基づいているのでしょうか。

裁判に携わった人たちは、日本の指導者たちの「共同謀議に関わる証言や証拠」を本当に集めることができたのでしょうか。

ほぼ一年毎に国家指導者が代わる状態で、共同謀議などできる訳がありません。

そしてまた、総理大臣が毎年代わってしまうという政治の混迷ばかりか、当時の日本には国防政策をめぐる陸軍（ソ連を仮想敵国）と海軍（アメリカを仮想敵国）との思想対立があり、さらに陸軍内部には中央の統制を無視する「関東軍」が存在し、海軍内部も「条約派」と「艦隊派」とに分かれていました。

このような状況下で、国家指導者が何年にもわたり侵略戦争のための共同謀議を重ねることなど、とてもできるものではありません。

この判決理由の根底には、連合国側のある考えが存在しているように思われます。日本を侵略国家と断罪することによって、自らがなしてきた過酷な植民地支配の実態を隠蔽する狙いがあるものと思われるのです。連合国側のこのような狙いこそ共同謀議と呼ぶべきものでしょう。

日本の韓国・中国への植民地支配が全て友好理に行われてきたと言うのではありません。他民族へ長年にわたり苦痛を与えてきたことは歴史的な事実であり、これは素直に認めなければなりません。

しかし日本の海外進出を溯る三〇〇年も以前から、アフリカやアジア各国で行われてきた西欧列強の植民地支配は、人種差別に基づく原住民にとって苛烈を極めるものです。日本の国家指導者たちによる《架空の共同謀議》を「侵略戦争の前提」にして日本を断罪する東京裁判の判決理由は、それまでに列強自らが実行してきた植民地支配の過酷な実態を、世界諸国の目から逸らせる狙いがあるものと思われます。

連合国の主張通り、日本のアジアや中国への進出が「侵略行為」だとするならば、それ以前の列強によるアフリカやアジアに南アメリカ諸国への植民地支配は「侵略行為」ではなかったのでしょうか。どこが、どのように異なっているのでしょう。列強の行ったアフリカやアジア、そして南アメリカ諸国に対する奴隷化や一次産品の国有化こそ、「侵略行為」と言わなければならないのではないのでしょうか。

私は、《日本以外にも同じ事をやっているじゃないか。日本だけが悪いのではない！》と言うのではありません。数世紀に及ぶ列強の植民地支配を世界の「歴史の大きな流れ」と捉えるのであれば、近時の日本のアジアや中国進出だけを「侵略行為」と断じて、区分してしまってもいいのでしょうか。

当時、そのアジアや中国にはイギリス、アメリカ、フランスなどの世界の列強が既に権益を保持し、植民地経営を行っているのです。そして、その植民地経営の実態には、日本の台湾や朝鮮統治に比してみて、極めて大きな相違があるのです。
なぜ、相違があるのか。答えは明白です。
列強の中国やアジア諸国への進出は、日本のように「自存自衛」のためのものではなく、全て彼ら列強の国益の拡大を求めてなされたものだからです。
これらの事実を冷静に見れば、私は東京裁判そのものにも、また判決理由にも、割りきれないものを感じてしまうのです。まさに東京裁判は、「勝者による敗者への復讐の儀式」そのものです。《勝てば官軍、負ければ賊軍》なのです。
十一人の判事の中で有罪判決に唯一人反対したインドのパール判事は、
《満州における日本の行為を世界は称賛しない。しかし、その言動を犯罪として非難することは困難だ》
と述べ、満州事変は日本の指導者たちの「共同謀議」に非ずして、「国際状況」の結果であると言われるのです。さすがに、十一名の判事の中で唯一人の法律専門家としての考察です。

平和に対する罪、人道に対する罪

本項冒頭で、東京裁判は国際法に則っとり、公正に行われたものではないと言いました。その理由は、「平和に対する罪」という国際法の世界に存在しない事後法をA級戦犯有罪の根拠としているからです。

第二次大戦の戦勝国で構成される連合国は、敗戦国・ドイツを「ニュルンベルグ裁判」で裁き、同じく敗戦国・日本を「極東国際軍事裁判」、通称、東京裁判で裁きました。

この時のドイツに対する罪状が「人道に対する罪」で、日本に対する罪状が「平和に対する罪」です。わざわざ法治社会の鉄則である『罪刑法定主義』に違反してまでも、「人道に対する罪」や「平和に対する罪」という事後法で連合国側はドイツと日本を裁きました。

それでは、アメリカを中心とする連合国側の戦争行為の中には、これらの罪に該当するものはなかったのでしょうか。

実は、アメリカやソ連は国際法上、とても許されることのない「平和に対する罪」や「人道に対する罪」を犯しているのです。日本の指導者を「平和に対する罪」で裁き、ナチス・ドイツの指導者を「人道に対する罪」で裁くのであれば、

《一瞬にして、十数万人の命を奪ったアメリカの広島・長崎への「原爆投下」》
《非戦闘員二十数万人の命を奪ったアメリカの日本の主要都市への「無差別爆撃」》
《終戦直前、「日ソ不可侵条約」を破って満洲へ攻め込んだソ連の行為》
《日本降伏後に六十万人以上の邦人をシベリアに送り、「強制労働」させたソ連の行為》

これらは、「平和に対する罪」や「人道に対する罪」に該当しないのでしょうか。

アメリカの原爆投下は、国際社会が認める戦争という国家行為ではなくジェノサイトです。

また、日本の一五〇余都市への非戦闘員に対する無差別爆撃も、重大なる国際法違反です。

ソ連の日本との不可侵条約を破棄して満洲に攻め込み、且つ終戦後に抑留日本人に強制労働させた行為は国際法違反はもとより、国家としての信用を失墜させる恥ずべき行為と言わなければなりません。

アメリカやソ連の方こそ「平和に対する罪」や「人道に対する罪」を犯しているのです。

このような歴史の事実に触れる時、私の東京裁判に対する信頼は揺らいでしまいます。

私の心の中から、東京裁判に対する大きな疑念が消えることはありません。

大きな国際法違反を犯しているアメリカをはじめとする連合国側には、本当に日本を侵略国家として裁く資格があるのでしょうか。

関連しますが、私たち日本人は「ニュルンベルグ裁判」と「東京裁判」は性格が異なるということも理解しなければなりません。

ニュルンベルグ裁判では、ナチス、ゲシュタポ（秘密警察）、ナチ親衛隊、保安隊が犯罪団体として指定され、ドイツ国家そのものは対象外となっています。

国際法上、戦争は国家行為という解釈からすると、この裁判はドイツ国家の戦争を裁いたものではなく、ナチスなどの犯罪団体が行ったユダヤ人大虐殺を「人道に対する罪」で裁いたことになります。

この事実から、ドイツは「ホロ・コースト」を国家行為ではなく犯罪団体が行ったものとし、今日に至るも、関係国へのドイツ国家としての謝罪も賠償も実行してはいません。

日本の歴代首相が行ったアジア諸国への謝罪外交とは明らかに異なっています。

ＧＨＱはニュルンベルグ裁判の反省からか、東京裁判を日本の国家指導者たちの犯罪、つまり、国際法上の国家犯罪として裁くのです。満州事変から太平洋戦争に至る一連の日本の行為を「侵略」という国家犯罪として断罪するのです。

今日の日本においては、ナチス・ドイツが問われた「人道に対する罪」とわが国指導者が問われた「平和に対する罪」を一括りにして、人類に対する大罪とする傾向があります。

しかし、この両者は法理上、同一に論ずべきものではありません。

事後法とは言うものの、ニュルンベルグ裁判が裁いたユダヤ人絶滅を目的としたナチス・ドイツの「ホロ・コースト」は、私の感覚では、グロティウスの唱える『自然法』の立場からすれば、「人道に対する罪」に該当すると言えなくもありません。

一方、日本の指導者が問われた「平和に対する罪」、具体的には《戦争を「計画」し、「指導」し、「実行」する》という行為は「戦争犯罪」ではなく、国際法上認められた「国家行為」です。アメリカやイギリスなどの列強は、太平洋戦争後にもベトナム戦争や湾岸戦争にアフガン戦争など、何度も戦争を計画、指導、実行してきました。事の良し悪しは別にして、彼らの行為は国家行為として国際社会から認められています。

東京裁判が日本の指導者を「平和に対する罪」に問い、ナチス・ドイツの「人道に対する罪」と同列に論ずることは、法理上、妥当なのでしょうか。

戦争という「国家行為」と民族滅亡を狙った「ホロ・コースト」は、同一に論じられるものなのでしょうか。大きな疑問が残ります。

再度言いますが、日本の指導者が行った「戦争」は国際法上、国家行為として認められており、日本は自存自衛のために太平洋戦争を戦ったのです。

そしてパリ不戦条約で自衛戦争は認められ、「自衛か侵略か」の判断は自国に委ねられているのです。その国際法上、認められている日本の行為を連合国側は、「平和に対する罪」という事後法で裁くのです。

日本の植民地支配

平成七（一九九五）年の終戦五十周年という節目の年に、時の総理大臣・村山富市はアジアの諸国に対して、次のような演説をし、そして謝罪します。

《わが国は、かって国策を誤り、植民地支配と侵略によって、アジア諸国の人々に対して多くの損害と苦しみを与えました……》

この村山談話に対するマレーシアのマハティール首相（当時）の言葉があります。

《なぜ、謝るのですか。日本軍は重い重い鉄のカーペットの植民地支配体制を除去してくれたではありませんか。謝罪すべきは、アメリカ、イギリス、オランダ、フランス

ではありませんか!》

日本が国策を誤り、アジア諸国の人々に苦しみを与えたのは事実です。

軍部が中国大陸では中央の「不拡大方針を無視」し戦線を拡大、南洋戦線では「戦術・戦略の失敗」を重ね、さらにアジア各国を戦場とし数多の市民を巻添えにしてしまいました。

しかし、これらは侵略という国家意思により行われたものではありません。

当時の日本には植民地支配の意思はありません。ほとんどが自国の防衛的判断からなされたものです。

東京裁判が断罪するように、「日本の行為の全てを侵略」とするのは間違いなのです。日本は「自存自衛」のために、アメリカ・イギリスなど連合国軍と戦いました。

その日本の戦いが、やがて、大東亜諸国の解放へと向かっていくのです。だから、マハティールやスカルノのように日本の戦いを評価する国家指導者も存在するのです。

私は、評価する国があるから、日本の大陸進出は全て正しかったと言うのではありません。

アジアの人々に民族としての大きな苦痛を与えたことは反省しなければなりません。

アジア諸国の中には、日本の行為を侵略とする人々が存在することも事実です。

しかしながら、唯々、収奪からなる欧米列強の数世紀に及ぶ苛烈な植民地支配と日本のアジア・中国支配とは、明らかに異なるものがあるということも、歴史の事実として認識しなければならないのです。

中韓両国は戦後七十年の今日に至るも、かつての日本の大陸進出を糾弾し続けています。とくに日帝支配三十六年と未だに非難され続ける日韓併合(往時の国際法に基づく合法的併合)ですが、日本は当時の韓国から搾取するものなど何もありません。そこには、欧米列強のような奴隷制度がある訳もなく、一次産品の国有化もありません。

一九一〇年の日韓併合から一九四五年の終戦までに、日本の指導により韓国は五〇〇〇校以上の小学校を開校し、その結果、識字率は四%から六〇%にまで向上しています。

そして、土地改良を行い耕作面積をおよそ二倍にまで拡大するのです。このような教育や食料増産に病院建設などのインフラ整備によって、併合当時二十五歳ほどであった朝鮮人の平均寿命は、三十年後には四十五歳以上になるのです。

また日本総督府は、李朝時代には漢字尊重のため軽視されていた朝鮮文字ハングルを必須科目として普及させます。さらに、韓国の多くの指導者は日本の陸軍士官学校に入学しています。日本政府は植民地の人間にも、自国と同じ教育の機会を与えるのです。

このように日韓併合には、フランス、イギリス、オランダなどの西欧列強が行った愚民政策や差別化から成り立つベトナム、ミャンマー、インドネシアなどに対する植民地支配とは明らかに異なるものがあります。日韓併合には、李氏朝鮮の時代には実現しなかった《〝朝鮮文明〟開化の基礎》となった部分も存在するのです。

このような視点からみると、日本の朝鮮統治は、搾取からなる「植民地支配・コロナイゼーション」というよりも、現地人の生活向上を目指した「合邦・アネクゼーション」としての要素の方が強かったのです。

しかし、植民地支配には《弱い者いじめ》という側面の存在も否定はできません。韓国人には早々簡単に水に流せるものではないでしょう。

植民地支配は褒められたものではありませんが、その実態は様々なのです。日韓両国民の友好的な将来にとっては、お互いが、その実態を正しく認識することも必要です。

中国や韓国と異なり、アジア諸国には日本の行為を評価する国も存在しています。台湾やインドネシアにマレーシアのように、日本の戦い（アジアへの進出）が欧米列強による植民地配の終焉とアジア諸国の解放をもたらしたと評価する国も存在するのです。

自存自衛と東亜の解放

昭和十六（一九四一）年、日本の太平洋戦争突入時、アジアでの独立国は日本、タイ、ネパールの三国であり、アフリカではエチオピア、リベリア、南ア連邦の三国でした。

当時、アジア・アフリカ諸国のほとんどは、抵抗らしい抵抗もできず列強の植民地になっていました。その状況の中、日本は「自存自衛」のために英米との戦いに入るのです。

結果は日本の敗戦ですが、その後の占領統治を経てわが国が迎える昭和二十七（一九五二）年のサンフランシスコ講和条約発効時には、十年前には六ヵ国にすぎなかったアジア・アフリカの独立国は一〇〇ヵ国を超えるのです。

この事実は、何を物語るのでしょうか。

欧米列強の植民地支配の波がアジアに向かってくる中、もし日本が彼らと戦わず、彼らの植民地支配に甘んじていたとしたなら、アジア諸国の独立は何十年も後になっていたものと思われます。「独立自尊」の精神を失わずに列強と戦った日本の行動が、アジア・アフリカ諸国に独立主権国家実現への勇気を与えたと言って間違いではないでしょう。

日本の行動がアジア・アフリカ諸国の解放につながったということも、歴史の大きな側面として理解することも必要です。

昭和十六年（一九四一）年、日本は「自存自衛」という動機に迫られ開戦するのですが、やがてアジア諸国との間で「東亜の新秩序、東亜の開放」という戦争目的を共有します。

開戦後二年の時を経た昭和十八年（一九四三）年十一月、日本の主導で『大東亜会議』が開かれます。満洲国の張景恵、中華民国・南京政府の汪兆銘、フィリピンのホセ・ラウレル大統領、ビルマのバー・モウ首相、タイのワンワイタヤコーン殿下、自由インド仮政府首班としてのチャンドラ・ボーズ、そして議長役を務める日本の東条英機首相たち東亜七ヵ国の代表が、史上初めて一堂に会する機会を持ちます。

この会議に出席したアジアの人たちは、次の一点において同じ志を持つのです。

《自分たちアジア民族が自立した国家をつくるためには、西欧列強と戦う他に途はない》

このように、西欧列強の植民地支配からの脱却がアジア諸国の戦いの根源なのです。戦後もビルマ政界の重鎮として活躍したバー・モウは、自伝『ビルマの夜明け』で《大東亜会議は歴史を創造した》と記しています。

また、独立の英雄としてインド史に名を残すことになる自由インド仮政府首班のチャンドラ・ボーズは会議後、次のように評価しています。

《大東亜会議はこれまでの幾多の国際会議とは本質を異にするものであり》

《「大東亜における新しき諸国家間の秩序建設の諸原則」を確立するものであった》

戦後日本では、東京裁判に端を発する「自由主義対ファシズム」（自由主義である英米に対して軍国主義国日本が挑んだ戦争）という構図で太平洋戦争史観が語られています。

しかし、バー・モウやチャンドラ・ボーズの発言が物語るように、七ヵ国の出席者は、《アジア諸国の新秩序建設のためには、欧米列強との戦いは避けられない》という同じ志、つまり「東亜の新秩序、東亜の開放」という目的を共有していたのです。

これら事実に触れる時、東京裁判に発する「太平洋戦争史観」、つまり、《戦争の原因は全て日本にあり》とする判断が、必ずしも歴史の全ての真実を物語るものではない、ということに私たち日本人は気づかなければなりません。

アメリカの日本研究家であるヘレン・ミアーズ女史は、自著『アメリカの鏡、日本』の中で、次のように言っています。

《歴史的に見て、アジアの民衆を〝奴隷〟にしていたのは日本ではなく、私たち同盟を結ぶヨーロッパの民主主義国である》

もういい加減に私たち日本人は、東京裁判の自虐史観から覚めなければなりません。

東京裁判は、政治的判断に基づく「勝者による敗者への復讐の儀式」とも言うべきものです。GHQは占領開始から八ヵ月後の昭和二十一（一九四六）年四月二十九日、A級戦犯とされる二十八名を逮捕します。この日は「昭和天皇の誕生日」です。天皇誕生日にA級戦犯を逮捕するのです。

それから二年の審理を経た二十三（一九四八）年十一月三日、七名に死刑判決を下します。この日は「明治天皇の誕生日」です。

そして十二月二十三日、その七名の死刑を執行するのです。この日は「今上陛下（当時は皇太子殿下）の誕生日」です。このめでたい日に連合国側は東条英機はじめA級戦犯七名の死刑を執行するのです。

「A級戦犯の逮捕」と「死刑判決」、そして「死刑執行」を明治天皇と昭和天皇と皇太子殿下の「誕生日」という日本国民の祝賀日に実行するのです。

これは偶然が重なっただけなのでしょうか。私には、そうは思えません。

連合国側の強い意図が感じられます。その意図とは、次のようなメッセージです。

《二度と西欧列強に刃向かってくるな。刃向えば、こうなるぞ！》

このメッセージが、東京裁判は「連合国側の復讐の儀式」であることを物語っています。

戦争は国際法上は国家行為であり、本来、個人が責任を追及されるものではありません。

戦争自体は実行した両国とも悪いのであり、片方の国（敗戦国）の人間だけが犯罪者になるというのは、国際法の理屈に合わないのです。

第七章　教育勅語

日本人の生き方の根幹

続いて、戦後日本人変容の三つ目の要因として『教育勅語の廃止』について考えてみたいと思います。教育勅語は明治天皇の指導により、明治二十三（一八九〇）年に発布、昭和二十三（一九四八）年のＧＨＱ指導による教育基本法の制定で失効するまで、日本人の「教育・生き方」の根幹となったものです。

日本の「伝統精神」・「伝統文化」の代表格とも言える教育勅語は、明治・大正・昭和という時代の中でおよそ六十年間、日本人の生き方に大きな影響を与え続けてきました。

ところが、第二次大戦の敗戦以降、その意味するところは極端に誤解され、その誤解は解かれることなく現在まで続いています。誤解されるばかりか今日では、教育勅語は軍国主義を煽り、偏狭なナショナリズムを生む根源とまで言う人たちが存在しています。

私の考えでは、教育勅語には「日本の国柄」と「日本人の精神性」が詰まっており、そこには日本人らしい日本人として、私たち日本国民が国際社会を生きていくための大切な教えが分かりやすく説かれています。

《父母ニ孝ニ、兄弟ニ友ニ……》
《夫婦相和シ、朋友相信ジ、恭倹己ヲ持シ、博愛衆ニ及ボシ、学ヲ修メテ、業ヲ習ヒ》

という表現が、教育勅語の精神を明確に表しています。

教育勅語が説く人生の目的や意義の根底には、《他者・他人への理解と協力》という精神が存在しています。私たち日本国民が形成する「世間・社会」というものは《他者・他人への理解と協力》の下に成り立っている、と説いています。

その教育勅語に代って制定された教育基本法は、人生の意義や目的を「自由・権利・平等」の尊重からなる《個人人格の完成》に置きます。両者の特徴をひと言で表せば、教育勅語の「公重視」に対し、教育基本法の「私重視」です。

現在の私たち日本人は、日本国憲法による民主主義をベースにした教育基本法の「私重視」によって、個人としての様々な自由と権利を享受し、また平等や公平などの社会的恩恵にも浴しています。民主主義社会において、「私重視」は極めて大切な考え方です。

しかし、その「私重視」が行き過ぎると、社会に公徳心のない人間が生まれます。公徳心のない人間が増えれば、社会は必ず規律と秩序を失い、堕落していきます。戦後七十年、今日の日本には、過度の「私重視」から公徳心のない人間が増え続け、社会から「規律と秩序」が消えようとしているのです。

教育勅語は明治中期から太平洋戦争敗戦までの六十年間、わが国教育の根幹をなすものでした。この間、日本は国家としての成長期であり、激動期でもありました。この激動の時代を生きた私たちの父母や祖父母たちに大きな影響を与えた教育勅語ですが、残念ながら現在のわが国では、その内容を正しく理解する人はごく少数となってしまいました。

教育勅語への理解者が減り続ける中、今日を生きる日本人の多くに、その内容を正確に知ろうとせず、戦前のものは全て戦争につなげて悪とする傾向があります。

しかし、敗戦から今日まで一部の人たちが言い続けている《教育勅語イコール軍国主義を煽るもの》という主張を、私は理解することができません。

私には、教育勅語の中から軍国主義を賛美する内容を、その表現のどこからも見い出すことができません。そこには、人間としての当然の教えが説かれていると思っています。

教育勅語批判

教育勅語を批判する人のほとんどは必ず、次の箇所・文言を指摘します。

《……一旦緩急アレバ、義勇公ニ奉ジ……》

彼らは、この教えが軍国主義を煽り、無謀な戦争を拡大し、日本国民の人間としての尊厳を踏みにじったのだと言います。

本当に、そうなのでしょうか。私には、表現は古臭く時代がかっているものの、言わんとする内容は至極真っ当なものに思えます。

この部分に反対する人たちは、国家間の紛争や大きな自然災害がわが国を襲うことなど永遠にない、とでも思っているのでしょうか。紛争はあっても、反戦・平和を唱えてさえいれば、国家・国民の安心・安全を護ることができると思っているのでしょうか。

また実質、GHQ起草の《平和を愛する諸国民の公正と信義に信頼して、われらの安全と生存を保持しよう……》という日本国憲法前文のお蔭で、わが国は戦争の危機から逃れることができ、国際社会に平和が訪れると本当に思っているのでしょうか。

私にはとても、このような考えを理解することができません。

反戦・平和を唱え、その実現へ努力することは大切です。しかし反戦・平和を唱えるだけでは、国家・国民の安心・安全を護ることはできません。自然災害や国家間の紛争など、《一朝、事あらば……》、私たち国民が「公」のため、つまり「国家」のために尽くすのは当然の事です。国家の存在が国民を護るのです。その国家を護らずして、国民の安心・安全はありません。

私は、教育勅語の教えは人間としての真っ当な生き方を説くものだと思っています。

人間としての当然の行為、つまり《人間としての踏み行うべき道》を説いているものと理解しています。今、この国の堕落しかけた風潮を改め、国民の間に自らの「規律と秩序」、そして、他人への「思い遣りと寛容」の精神を取り戻すには、何よりも教育勅語の発する《他者・他人への理解と協力》、つまり「公」の意味を噛み締めることが必要です。

教育勅語の海外への訳文に対して、各国は一様に〝素晴らしい〟と評価しています。海外諸国の〝素晴らしい〟という評価が、何よりも教育勅語の「真っ当さ」の証明です。アメリカ・ドイツ・フランスでは、自国の子供たちを健全に育てるために日本の教育勅語を活用しました。とくにアメリカでは、タイトルもＢｏｏｋ ｏｆ Ｖｉｒｔｕｅ（美徳の本）と英訳され、多くの人たちに読まれているのです。

人間の生き方を説くものとして、あえて同様のものを世界に求めるならば、私の感覚では、中国古典の孔子・孟子による『五常の精神』・『五倫の教え』だと思っています。

「仁・義・礼・智・信」からなる『五常の精神』

「父子親あり」・「君臣義あり」・「夫婦別あり」・「長幼序あり」・「朋友信あり」からなる『五倫の教え』

これらの中国古典も教育勅語同様に、《人間の踏み行うべき道》を説くものです。

しかし私には、教育勅語の教えの方がわが国の「国家としての連続性の重み」と「公の精神の重要性」を説き、さらに国民それぞれの「果たすべき職分」を明らかにし、そのうえで全国民の協力一致を呼びかけるなど、より具体的な教えになっていると思います。

私たちの先達は、江戸社会二六〇年の中で論語の教えである「忠孝の精神」や「長幼の序」を学び、また明治になって教育勅語の教え、つまり《他者・他人への理解と協力》を実践することによって、わが国の「国柄」を明らかにし、民族としての「精神性」を発揮して、明治・大正・昭和という激動の時代を生き抜いてきたのです。

教育勅語の失効と教育基本法の制定

激動の時代を生きる日本人に大きな影響を与え、六十年の長きにわたり日本人らしい日本人輩出の根源となった教育勅語ですが、ＧＨＱの指導によって失効します。

ＧＨＱは教育勅語を失効させることにより、日本人の「規律と秩序」を尊ぶ生き方を否定します。日本人から《他者・他人への理解と協力》の精神を捨てさせようとするのです。

「忠孝」を中心とした「公重視」の教育勅語を失効させ、教育の目的を「自由・権利・平等」を中心とした《個人人格の完成》におく教育基本法の制定を主導するのです。

「私重視」の教育基本法は、何よりも個人の「自由と権利」の尊重を謳います。

しかし、「自由と権利」が行き過ぎれば、「規律と秩序」を壊します。GHQは、国民主権を謳い、日本国民の中に個人の「自由と権利」を大きく叫ぶ生き方の浸透を狙って、教育界に「日教組」という労働組合の設置を容認します。

この日教組の存在が、日本の戦後教育を大きく変えてしまうのです。

日教組による戦後教育は、日本の誇るべき歴史や私たちの先達が築き上げてきた貴重な伝統的価値観を教えようとはせず、悉く否定します。戦後の日本人は、日教組教育によって自国の「伝統精神」・「伝統文化」を学ぶ機会を失うばかりか、それらを全て戦争につながるものとして否定されてしまうのです。

わが国では、それまで教師という職業は聖職とされてきました。教師を目指す人間は聖職への強い覚悟を持って教育という仕事に就いてきました。教師が、個人の「自由と権利」を大声で叫ぶことなどありません。

ところが日教組の出現以来、多くの教師は聖職とはまるでかけ離れた労働者、己の「自由と権利」を追及してやまない労働者となるのです。

教育基本法と日教組の存在が日本の「国柄」の最大特長である「規律と秩序」を軽んじ、他人への「思い遣りと寛容」の精神を崩壊させてしまいます。教育勅語とはまるで逆の精神を説き、「国家意識」や「伝統精神」を強調するものは全て排除し、《人間の踏み行うべき道》

に関心を持たない公徳心なき日本人を誕生させていくのです。

明治から大正・昭和という時代を通して、教育勅語の教えは「規律と秩序」を大切にする多くの日本人を誕生させせました。《他者・他人への理解と協力》の精神を持つ日本人らしい日本人輩出の根源となるのです。

その結果、教育勅語の教えを尊ぶ日本人の生き方が国民の中に「危機感」と「向上心」を育み、それが「国民全体の結束力」、つまり、共同体意識となって、列強からの植民地支配の恐怖を撥ね退け、わが国の国家としての発展を支えてきたのです。

この事実、つまり、この時代を生きる《日本人の精神構造と国家発展の関連性》をGHQは詳細に把握していました。

だから、アメリカは教育勅語を否定したのです。教育勅語を否定し、その教えと対極にある個人の「自由と権利」を日本人に叫ばせようとしたのです。日本人の間に「自由と権利」意識を際限なく拡大させることにより、日本社会での自らを律する「規律と秩序」、他人に対する「思い遣りと寛容」の精神の崩壊を狙ったのです。

このように考えると、私には、占領政策の中でGHQが最も重視したのは「教育勅語」に対する扱いだと思われます。日本人の「精神的弱体化」という隠された狙いを実現するために、「教育勅語の否定」は、GHQが最優先で取り組むべきテーマだったのです。

かってアメリカは、日本の教育勅語を自国の子供の教育に活用しました。価値を認めていたのです。しかし占領国の立場を得るや、日本人の日常生活の場から教育勅語の精神を排除していきます。そこには、「日本人の精神的弱体化」というアメリカの大きな狙いが存在するからです。

教育基本法改正と愛国心

国家の成長と発展という視点に立てば、この一〇〇年ほどの時代は一部の人たちが《独りよがりの傲慢さ》を発揮した時期があったとはいえ、基本的には日本国民の持つ「勤勉さ」と「真面目さ」がなさしめた国家としての成長期だということが出来ます。

この「国柄」と「精神性」の発揮とも言える日本国民の「規律と秩序」を重んじる生き方、そして欧米列強に対する追いつけ追い越せという「危機感」と「向上心」、これをひと言で表現するなら、それはまさしく「愛国心」です。

現在の日本では、「愛国心」という言葉を口にするだけで教育勅語同様に右翼呼ばわりされてしまう世の中ですが、愛国心イコール右翼ではありません。自分が生まれ、育った国に愛着を感じ、感謝し、その発展に貢献しようとする心は人間の持つ自然な感情です。人間は誰でも家族を愛し、郷土を愛し、祖国の文化や伝統を愛する思いを持っています。「愛国心」とは、国の発展を思う人間なら誰もが持つ自然な感情です。

十年ほど前の第一次安倍政権時、六十年ぶりに教育基本法の改正が行われました。この時の安倍首相はじめ政権首脳は、戦後以来続くわが国の「国柄否定」という風潮に歯止めをかけるという狙いから、同基本法の改正を発議し、その中に「愛国心」という文言を盛り込もうとしました。ところが野党の猛烈な反対にあい、審議の結果、「愛国心」という文言は《わが国の郷土と伝統を愛する態度》という表記に変わってしまうのです。この時の「愛国心」盛り込みに反対する野党の代表的意見は次のようなものです。

《「愛国心」という言葉は、軍国主義につながる危険なものである》
《「愛国心」という感情は、国家から強制されるものではなく、国民の心の中に自然発生的に生まれてくるものである》

私は、これら野党の意見や考え方を理解することができません。

彼らは「愛国心」を誤解しています。彼らは「愛国心」という言葉を聞くや、条件反射の如く、軍国主義につながるものと極めて単純な反応を繰り返すだけで、それに続く思考も論理もありません。

「愛国心」とは属する組織や地域、そして国家の発展を願う気持ちです。自らが属するものの発展を願い、その発展に貢献したいという気持ちは誰もが持つものであり、人間としての自然な感情です。属するものの発展を願わない国民が世界のどこにいるのでしょうか。

「愛国心」を否定する国は日本以外には、世界のどこにも存在しません。また現在の弛緩した精神状態にある日本国民の心の中に、属するものへの発展を願う感情が自然発生的に生まれてくることなどありません。教育で教えない限り、国民の間に「愛国心」が自然に生まれてくることなどないのです。

アメリカの公立小中学校では、毎朝、生徒が国旗である星条旗に向かって「忠誠の誓い」という文言を唱えます。アメリカに限りません。外国ではほとんどの国が、国民に「国家への忠誠」を義務付けています。「国家への忠誠」の根底には、「愛国心」があります。

「愛国心」を国の発展を願う感情の自然な発露と受け止める外国人は、今日の日本で展開される歪な「愛国心談義」をどのように観ているのでしょうか。

《ノー天気なめでたい国》と、冷笑するか、

《国家の体を成していない》と、軽蔑するか、
《狙い通りの骨抜国家になった》と、ほくそ笑むのか、このうちの何れかでしょう。

かって「己の自立」と「人への寛容」という世界でも稀な「精神性」を備えていた日本国民は、戦後七十年という時間の経過の中で変容してしまい、いまや自らの物質的生活の向上だけに意識が走り、国家の発展や民族の将来といった大事な問題に対してはまるで関心を持たないという、逆の意味で世界でも珍しい国民性を発揮しているのです。

国旗・国歌が物語るもの

教育勅語の否定で日本人は、国旗「日の丸」を掲げず、国家「君が代」を歌わなくなりました。国家という共同体意識が薄れ、自分たちの安全と生存を何十年にもわたり他国に委ねてしまっても、何の痛痒も感じない国家観なき日本人になってしまったのです。

外国では自国の歴史や伝統、そしてまた、国が大切にしている思想や理念を家庭でも学校でも必ず子供に教えます。国旗・国歌を大切にするのは、その現れの一つです。一国の国旗・国歌には、その国の理念や思想が凝縮して表現されているからです。

ところが戦後の日本社会では、そのような教育が行われることはありません。わが国の「日の丸」や「君が代」という国旗・国歌の意味について、戦後の学校教育は何も教えていませんし、家庭教育でも教えることはほとんどありません。

いや、何も教えないというよりも、「日の丸」・「君が代」を戦争突入の主要因として子供たちから遠ざけようとしています。このような状態が何十年にもわたって続く中で、「日の丸」・「君が代」の意味を正しく理解する日本人はどれほどいるのでしょうか。

世界の各国家は、国旗・国歌を大切に扱い、その意味を必ず子供たちに教えます。

何れの国家にとっても、自国の国旗・国歌には、その国の国家としての基本的な考え方が込められているのだということを子供たちに理解させようとするのです。

アメリカ人は「星条旗」の下に、イギリス人は「ユニオンジャック」の下に、中国人は「五星紅旗」の下に、韓国人は「大極旗」の下に、そして日本人は「日の丸」の下に、建国以来の歴史と伝統を刻み込みながら、自国の文化と文明を護って生きてきたのです。

このようにアメリカ人にとっても、イギリス人にとっても、中国人や韓国人にとっても、そして私たち日本人にとっても、国旗は大切なものなのです。国旗の持つ大切な意味を自覚してほしいものです。

国歌も同じです。歌詞には大切な想いが込められています。国歌も国旗同様に、その国が大切にする主義や理念、また護るべき価値や在りたい姿の実現を願って創られています。だから、自国・他国を問わず、国民は国旗・国歌を大切にしなければならないのです。

国旗・国歌を認めない人たち

それほど大切な国旗であり、国歌であるのに、今日の日本社会においては学校でも家庭でも、「日の丸」・「君が代」の正しい意味を教えず、先の戦争との関連ばかりを強調する人たちがいます。国旗・国歌に対して、このような態度をとる国は世界広しと言えども、日本以外には存在しません。

国旗掲揚・国歌斉唱の際の姿勢に、その国民が有する国家観の濃淡が現れます。

世界中のほとんどの国では、国旗掲揚・国歌斉唱の際には誰もが起立し、姿勢を正して敬意を表します。国際的な式典などで外国の国旗掲揚・国歌斉唱の時にも、同じように静粛にして敬意を表すのが世界の常識です。

ところが今日のわが国では、《国旗も国歌も認めない。起立も斉唱もしない》という考えで公教育に携わる人たちがいます。

彼らの一部は「思想・信条の自由」を盾にして、国旗・国歌をめぐって国との間で裁判まで起こしています。GHQの民主化政策の置き土産である「自由と権利」、そしてまた「思想・信条の自由」の乱用です。彼らは未だに、ＧＨＱの洗脳から覚めないのです。

教える立場の先生がこれでは、教わる側の子供たちの心の中に人間としての「己の自立」や「人への寛容」、そして共生社会を生きていくための《規律と秩序》、《思い遣りと寛容》の精神が生まれてくる訳がありません。

いやしくも教育に携わる人間であれば、「自由」には「秩序」が、「権利」には「義務」が、そして「平等」には「格差」が付いて回り、それぞれの「平衡」を保つことによって、他者・他人との共生が機能するのだということを理解しなければなりません。

〝自由だ！、権利だ！、平等だ！〟と己の立場を主張することばかりを子供たちに教えていたら、真面な日本人が育つ訳がありません。わが国は戦後何十年にもわたり、このような教育を続けてきたのです。

ＧＨＱの民主化政策を受けて、戦後日本人の生き方は変ってしまいました。

とくに、バブル経済崩壊後の日本人は大きく変容しています。私たち日本人は経済大国となることと引き換えに、先達から引き継いできたわが国の「伝統的価値観」というものを昭和・平成の時代の中に置き去りにしてしまいました。

日本人を日本人たらしめてきたものを放棄すれば、一時の経済大国など砂上の楼閣です。

このままでは、独立主権国家としての将来が危ぶまれます。日本が国際社会の中で信頼される国家となるためには、国民の間に「日本の心」「日本人の心」を復活させなければなりません。日本国民が再び自らの生き方の中に《規律と秩序》、そして《思い遣りと寛容》の精神を取り戻さなければならないのです。

中国の日本批判

戦後日本人の変容を表すものがあります。中国による日本批判です。日本社会における「規律と秩序」、また「思い遣りと寛容」の精神の喪失からくる種々異様な出来事を捉えて、中国は痛烈な日本批判を展開しています。

《日本という国家は、三十年後には地球上から消えているだろう！》

このように、わが国を半ば公然と愚弄する中国政府要人が現れました。政府要人ばかりか、中国国民の一部も、ここ数年の日本社会に生じる現象を「現在日本の病」と称して、次のように痛烈な日本批判を展開しています。

「政治無信」「社会無序」「人間無情」「教育無師」
「道徳無律」「人生無望」「経済無常」「親子無孝」

多分に政治的意図を含んだ発言であるとはいえ、他国の人から、しかも中国人からここまで言われてしまうとは、尋常ではありません。普通の感覚を持つ日本人ならば、誰しも憤怒に堪えないところです。

しかし冷静になって考えてみれば、残念ながら日本人として謙虚に反省すべき指摘も存在していることを自覚せざるを得ません。

経済発展だけを追い求めるあまり、国防や安全保障、そして教育という国家存立の基盤に対しては、何の意見も考えも持ち合わせていないという精神状態、つまり「日本人の精神的弱体化」を中国人は見抜いているのです。

中国からの指摘を待つまでもなく、日本の成長を支えてきた教育が質を変え、「規律と秩序」を軽んじ、「思い遣りと寛容」の精神を持たない日本人を育ててしまいました。その結果、江戸時代以来の日本人が形成してきた「徳治社会」が崩壊してしまったのです。

この原因は、戦後から平成にかけての教育の失敗です。

ＧＨＱの指導を受け制定された教育基本法によって、戦後教育が個人の「自由と権利」の拡大に偏り、「己の自立」と「人への寛容」の精神を教えてこなかったことが、《規律と秩序》で自らを整え、他人には《思い遣りと寛容》の精神で接するという生き方を軽んじる日本人を生み続けているのです。

このような状況の中、私たち今日を生きる日本人が国際社会の構成員として世界諸国の人たちに認められるためには、まずは私たち自身が自国の歴史と伝統、文化や文明を学び、日本人らしい日本人になることが何よりも必要なことなのです。

「日本の国柄」を形成してきたものを学ぼうとせず、「日本人の精神性」についての正しい知識と理解を持つことなく、自らの《便利で快適な生活》ばかりを追い求めているようでは、国際社会は日本人を真面な民族とは観ないでしょう。

国家あっての国民です。

また、国民あっての国家です。

ここで言う国民とは、己の「自由と権利」だけを追求してやまない「私中心」の人間ではなく、国家・社会の将来に思いを馳せる人間です。

個人の尊厳を支える「私の尊重」はもとより、他者・他人、そして社会と共に生きる「公の意義」を理解し、実践する人間です。今日の日本人は、先達に倣い「公の意義」を噛み締めなければなりません。

第八章　日本人の変容

戦後日本人変容の原因

占領統治を受け、「日本の国柄」も「日本人の精神性」も変容しました。

GHQの占領統治が、日本国家と日本民族変容の大きな要因となったことは紛れもない事実です。戦後日本人の生き方と占領統治との因果関係を否定する人はまずいないでしょう。

しかし、ここに私たち日本人が考えなければならない大事なテーマがあります。

GHQの占領統治には「民主主義国家・日本の建設」という「功」もあれば、日本国民から「伝統的価値観」を奪い、逆に「自虐史観」を植え付けるという「罪」もあります。

この「罪」により、戦後日本人の生き方は大きく変容するのです。それでは、「日本人の変容」という歴史的事実は全てGHQによってもたらされたものなのでしょうか。

《戦後の日本人変容は、全てGHQの占領政策に基づくものなのか?》

この問題について、今日を生きる日本人は真剣に考えなければなりません。

もし、全てGHQの所為だと言うのであれば、日本人は歴史から何も学ばない愚かな民族として世界の国々から馬鹿にされることでしょう。

自分で自分の生き方を創り出したり、あるいは修正したりすることのできない哀れな民族として、国際社会から信用されなくなってしまうでしょう。

私の考えでは、今日の日本人変容の全てをＧＨＱの所為にするのは間違いです。

戦後日本人変容の本質は、日本人自身の問題です。

日本人自身の生き方の問題なのです。

占領統治時代ならまだしも、主権回復後六十余年の今日においても、日本人は自らの手で国家の骨組を変えようとはしません。自らの歩むべき道を自ら創ろうとしないのです。

外交や安全保障に教育など、国家の根幹に関わる重要事項について諸々の矛盾を抱える現行憲法を改正しようとはしません。ＧＨＱの「押し付け憲法」に頼り切っています。

また、数々の事実が明らかになって、その正当性が疑問視される「東京裁判」についても、自虐史観払拭への行動に着手しようとはしません。

このような事実から判断すれば、戦後日本人変容の本質はＧＨＱによるものではなく、日本人自身の思考力、判断力、そして国家・民族の将来に対する洞察力の問題だと言わなければばなりません。戦後日本人の多くは、自らの物質的生活の向上ばかりを追い求め、国家や社会の将来について考えようとしないのです。

ＧＨＱによる日本の「伝統精神」・「伝統文化」の否定は、「日本人の精神的弱体化」という隠された目的実現のために彼らが採った政策であり、占領統治を円滑に行うための一時的な手段にすぎないのです。日本人が真面な思考力と判断力を失っていなければ、主権回復後、直ちに軌道修正して自らの意思で「伝統精神」・「伝統文化」の復活に取り組むことが出来たはずです。それが、独立主権国家としての歩むべき道です。

独立国家としての『自立心』と『誇り』を失っている

また、東京裁判による「自虐史観」についても同じです。

マッカーサーはある狙いを持って日本を侵略国家と断罪するのですが、その侵略国家という自虐史観は、日本人自身が連合国側の断罪に対する十分な検証もしないまま、自らが陥り、自らがそれを引き摺り続けていると言った方が正しい表現でしょう。

侵略国家という自虐史観の本質も、日本人の思考力と判断力、そして国家や民族の将来を見通す洞察力の問題であり、東京裁判は一時的な、そのキッカケにすぎないのです。

日本人に、主権回復後には日本はどのような国家であるべきかという国家観さえあれば、「伝統文化」・「伝統精神」の復活と同様に、日本人は東京裁判のもたらす「自虐史観」払拭への行動を採ることが出来たはずです。

二〇〇〇年以上にわたり、世界的に見ても貴重な「一国一文明」を築き、近代国家へと成長したわが国が、たった一度の、それも僅か七年ばかりの占領統治を受けただけで、こうまでも変わってしまうものなのでしょうか。

GHQの洗脳を受け、多くの日本人は物質的繁栄以外に知恵を働かせようとはしません。国防や安全保障に教育など国家存立の基本事項について、自ら考えようとはしないのです。残念ながら経済的豊かさばかりを追い求める日本人は、独立主権国家としての『自立心』と『誇り』を失い、アメリカ依存の国となってしまっているのです。

マッカーサー証言

GHQによる占領統治が続く昭和二十五(一九五〇)年十月十五日、ウェーキー島で東京裁判の主導者・マッカーサーはアメリカ大統領・トルーマンと会見した際、《東京裁判は誤りだった！》という趣旨の告白をしています。さらにマッカーサーは、昭和二十六（一九五一）年五月三日、米国上院軍事外交合同委員会で下記のような証言をするのです。

《日本の開戦は、その大部分が安全保障上の必要に迫られてのものだった……》

つまり、太平洋戦争は日本にとっては、「自衛戦争だった」と証言するのです。

《日本は中国・アジアへの侵略行為を働いた！》として東京裁判を主導し、日本国民に自虐史観を植え付けた占領統治責任者本人の発言です。占領統治の最高責任者が、《日本の行為は自衛のためだった！》と言っているのです。

これら《東京裁判は誤りだった！》、《日本は自衛のために太平洋戦争を戦った！》といったマッカーサー発言が公になっても、日本人は何の行動も起こしません。「日本人の精神的弱体化」という恐ろしい狙いの存在が徐々に明らかになってくるというのに、日本人はGHQの民主化・近代化政策によってもたらされる快適で便利な生活にどっぷりと浸かったまま、国家再生への行動を採らないのです。

ドイツも第二次大戦の敗戦国として、占領統治時代には、戦勝国から数々の制約や規制を受けていました。しかし主権回復後には、激変する国際情勢に対応するため五十回以上も憲法（基本法）を改正するなど、自らの手で国家の骨組みを変えています。国家自立への努力をしています。「変化」する国際情勢に「対応」しているのです。「変化に対応」するための知恵を働かせているのです。

戦後のドイツと日本、どちらが真面な独立主権国家と言えるのでしょう。

日本は主権回復後に、なぜ、自主憲法制定に向かわないのでしょうか。

日本は、なぜ、「伝統精神」・「伝統文化」の復活に取り組まないのでしょうか。

日本は、なぜ、東京裁判がもたらす「自虐史観」を払拭しようとはしないのでしょうか……。

日本とドイツ、どちらが苛烈な国際社会をしたたかに生きようとする独立主権国家と言えるのでしょうか。

国際社会に生起する現実を直視し、そこから国民の安全と平和を確保するための政策を実現しているのは、どちらの国の指導者なのでしょうか。

戦後日本人はGHQの指導の下に民主化を進展させ、多くの自由と権利を得ました。また、近代化により豊かな物質生活を享受する機会を得ました。

しかしやがて訪れる主権回復後の国家としての歩み、日本国民としての生き方については、日本の指導者はどのように考えたのでしょう。

独立主権国家の国民としての自覚の下に、

《再び、日本社会に「一国一文明」に基づく伝統精神・伝統文化を復活させよう》
と考えたのでしょうか。

また、日本社会に「日本らしさ」「日本人らしさ」「日本の心」を復活させるために、
《「私」重視と共に、「公」を尊ぶ教育を復活させよう》と考えたのでしょうか。

そして、他者・他人との共生の世の中を復活させるために、
《「互助の精神」に基づく民俗社会的生き方を目指す企業や地域社会を創ろう》
と考えたのでしょうか。

それとも、独立主権国家の国民としての自覚を失ってしまい、
《便利で豊かな生活の実現で、全ての目的は達せられた》と考えたのでしょうか。

さらには、平和ボケに麻痺し、国家・国民としての『自立心』と『誇り』を失い、
《自分の国を永久にアメリカに護ってもらおう》と考えたのでしょうか。

ジャーナリズムの衰退

自らの生活レベルの向上のために様々な知恵を発揮してきた私たち日本人は、敗戦以降、国防・安全保障というテーマに対して、なぜ知恵を働かせようとはしないのでしょうか。

答えはハッキリしています。それは、国家と国民をつなぐ重要なパイプ役であるジャーナリズムの衰退であり、ジャーナリストの劣化です。

では、なぜジャーナリズムは劣化したのでしょうか。

それは、ＧＨＱによる「日本人の精神的弱体化」を目的とする占領政策によって、戦後の日本全体が個人主義や人権、自由という名の下に、「公を尊ぶ精神」、つまり、日本人としての『誇り』や『伝統精神』を自ら捨て去ってしまったからです。「国家・社会への関心」よりも、自らの「自由と権利の追求」に走る生き方が、戦後のジャーナリズムを劣化させるのです。

その結果、第四の権力として政治や行政、また市民生活をチェックし、その改善・指導への提言をなすべき立場にあるマスメディアの一部が、社会の公器としての役割を喪失してしまうのです。

日本のマスコミの大部分には、戦時中の「大本営発表」に何の疑問を感じることもなく、政府と一体になって国民を戦争へと煽り、自ら真実を探る努力を怠ってきた歴史があります。そのような過去の報道姿勢への反省からなのか、戦後、多くのマスコミが自ら国民の代表を装い、常に国家を対立軸に置くという左翼思想に捉われるのです。

昭和三十年代に入ると、マスコミ大手の左傾化は顕著になります。妙なイデオロギーに突き動かされてしまった彼ら（とくに朝日新聞）は、《北朝鮮は地上の楽園》と言って、在日朝鮮人の帰国熱を煽って、帰国者に塗炭の苦しみを味あわさせ、また、《アメリカの核は汚いが、ソ連の核は綺麗》と言って、ソ連の核開発に協力し、そして、《建国の父である偉大なる指導者・毛沢東》と言って、独裁国家建設に貢献します。まさに飼い犬ポチの如く、彼らは北朝鮮や旧ソ連、そして中国という共産主義国家に擦り寄っていくのです。

とくに許せないのが、北朝鮮による「日本人拉致」を否定し続けるばかりか、「靖国参拝」や「南京大虐殺」、また「教科書問題」や「従軍慰安婦問題」などについて、事実の捏造を行って、中韓両国に根拠なきご注進に及び、日本の国益を棄損させ続けたことです。

朝日新聞の左傾化は止まりません。驚きを禁じ得ないのが、近年の「安倍叩き」です。あろう事か、《安倍叩きはうちの社是》、《安倍の葬式はうちで出す》と語ります。

これは、与野党という関係の中で自民党と対立状態にある民主党や共産党が、政権奪取を狙って発言したものではありません。

何と、朝日新聞の現職の編集幹部による発言です。

驚きを通り越して呆れてしまいます。

ジャーナリストとしての矜持はあるのでしょうか。

朝日新聞の論調や報道姿勢が安倍首相の政治信条と合わないことは衆知の認めるところですが、大新聞の編集幹部が《自説に合わないものは、一切認めない》と公言するのです。

「靖国参拝」や「教科書問題」など、本来、内政不干渉であるべき日本の国内問題に手前勝手な理論のすり替えを行って、中韓両国に媚を売り、外交問題に発展させ、また虚偽と認識しながら、何十年にわたり訂正に応じなかった「従軍慰安婦報道」における『吉田清治証言』の扱いと併せ考えれば、朝日新聞はもはやジャーナリズムの名に値しません。

過去を振り返ってみても、「伊藤律記者会見の捏造報道」や「自作自演のサンゴ損傷報道」から何の教訓も得ていませんし、反省もありません。早々の退場を進言します。

偏向報道が目立つのは、朝日新聞だけではありません。他紙もテレビ局も大同小異です。

今日の日本社会には、左翼的立場に立ち、ことさら個人の「自由と権利」の追求ばかりを煽り、「公徳心」を否定する新聞やテレビの報道が目立ちます。彼らマスコミ人は、《真実を客観的に伝える》というマスコミの使命を自覚しているのでしょうか。

本来の使命を見失っているのは、マスコミ界ばかりではありません。

残念ながら、社会的に大きな影響を与える事象に対する見識の低さは、政界、官界、学会、そして経済界など、日本社会の多くの分野で散見されます。

その病巣を探っていくと、戦後教育という問題に達せざるを得ません。

「自由・権利・平等」の精神に基づく「個人人格の完成」を目指す戦後の日教組教育の影響が、今日の日本社会のあらゆる領域に浸透しているのです。

教育という国家の土台を正常化しない限り、マスコミも社会も真面な姿に帰ることができません。一日も早く先達が育んできたわが国の「伝統精神」・「伝統文化」を後進に説き、教育勅語の精神、つまり、私たちの人生は《他者・他人への理解と協力》の下に成り立っていることを自覚させなければなりません。

《「国家」あっての「社会」、「社会」あっての「国家」であり》、その《「社会」は、私たち日本国民ひとり一人の理解と協力、つまり連携によって成立する》ことを教えなければならないのです。

第九章　再び日本人らしい日本人として

日本人自身の思考力、判断力、洞察力の問題

私は、ＧＨＱの占領統治は日本人変容の一時的なキッカケにすぎず、問題の本質は未だ独立主権国家としての自覚を持たない日本人自身の生き方にあると思っています。ＧＨＱ占領統治の「罪」、その本質は日本人自身がつくり出した「罪」なのです。

今日を生きる私たち日本人は、一刻も早く「罪」への対応に着手しなければなりません。「罪」への対応とは、日本国民の中に「伝統精神」・「伝統文化」を復活させることです。再び、私たち日本人が日本人らしさを発揮して、国際社会を生きていくことです。

家庭教育や学校教育では当然の事、企業活動や地域社会においても、「日本とは、日本人とは、日本の心とは！」を教え、日本人に祖国への誇りと愛着を取り戻す努力をさせなければならないのです。誇りある祖国を自らが取り戻すという精神を、今日を生きる日本人の中に醸成していかなければならないのです。

戦後七十年の今日、一億二千万人の国民の八割が戦後生まれとなりました。

戦前・戦後の日本社会の「護るべきもの」と「改めるべきもの」を自らの経験から自覚し、

それを後輩に伝えていく事を使命としてきた先達たちが社会から消えようとしています。残念な事に、明治・大正・昭和という激動の時代に、大きな知恵を働かせて国家を発展させてきた私たちの先達が日本社会から消えようとしているのです。一刻の猶予も許されません。一日も早い「日本人再生」への取り組みを開始しなければなりません。

経済的繁栄を謳歌する時代の中で、大半の日本人が私生活での「物質的充実」ばかりを目指す結果、日本人の心の中から「国家・社会に対する関心」はどんどん希薄になっていきました。学校は勿論、家庭や企業、また地域社会においても、日本の「伝統精神」や「伝統文化」が教えられることはほとんどなくなってしまいました。

ＧＨＱによる民主化と近代化の進展に伴い、日教組によって行われるわが国の戦後教育は、何よりも個人の「基本的人権」を尊重し、「自由と権利」の追及を指導してきました。基本的人権の尊重も個人の自由と権利の追求も、それは民主主義社会の根幹をなすものであり、学校教育でも教えるべき大切なものです。

しかし、個人の「自由と権利」の追求ばかりを教えていては、いい社会は成立しません。「権利」には「義務」が、「自由」には「責任」が伴うことを教えなければ、真面な日本人は生まれません。

私たちの形成する民主主義社会は、「個」と「個」の集合体です。「個」と「個」が協力し合って、「公」を形成しているのです。そして「個」の存在は、「個」同士が協力し合って形成される「公」によって護られているのです。

したがって成熟した民主主義社会においては、国民が個人の「自由と権利」だけを殊更大きく叫ぶことはありません。「個」は「公」によって護られているという社会の現実を理解し、個人の「自由と権利」の追求には自ずと限界がある、つまり「公」の存在を自覚し、その意義を理解しているからです。

戦後教育は、「個」の追求に偏りすぎています。

私たち日本人が再び「日本の心」を取り戻し、国際社会を「日本人らしく」生きていくためには、「個」の尊重と共に「公」の意味を噛み締め、自らの生活の中で「公」の実現に努力していかなければならないのです。

大半の日本国民が太平の世を謳歌する今日、日本人再生は容易な事ではありません。激動の時代を生き抜いてきた先達から、職場や学校で「日本国家としての在り方」と「日本人としての生き方」についての指導を受け、先達に続くべき立場を自覚する戦前、戦中派の人々は、傘寿、卒寿を迎えようとしています。そしてまた彼らの後継者たるべき所謂団塊の世代と呼ばれる人たちも、戦後七十年という歴史の中で古希を目前にし、その大部分が社会の第一線からは退こうとしています。

このままの状態で、戦前、戦中派の人々や団塊の世代がこの世から姿を消してしまったならば、日本の「伝統精神」や「伝統文化」、そしてまた幕末から明治維新、続く近代国家の実現に邁進してきた先達の生き方、つまり「日本の歴史」を正しく後世に伝える人間が存在しなくなってしまいます。

一日も早くこれからの日本を背負っていくべき若い人たちに「日本とは」、「日本の心とは」、「日本人の心とは」を教えていかなければなりません。

現代日本人の意識

戦後教育が、いかに「個」偏重に陥ってしまい、社会や国家、つまり、「公」の存在の大切さを教えてこなかったのかを表すものがあります。

世界の八十ヵ国以上を対象に、その国民の政治、宗教、仕事、教育、人生などに対する意識を調査したものに『世界価値観調査』というものがあります。一九八〇年代から定期的に行われている中で、十年前の調査（二〇〇五年実施）を観てみましょう。

全八十二問への回答のうち、戦後日本人の特性を顕著に表すものが三項目あります。

以下、質問三項目とその回答結果です。

「誰も戦争を望みませんが、もし戦争が起こったらあなたは国のために戦いますか？」

この問いに対して、「はい」と答えた比率は次の通りです。

最高はキプロスの八三％、続いてスウェーデンやフィンランドの北欧諸国で八〇％、中国・韓国の隣国も七〇％以上、アメリカ・ロシアは六〇％以上、イギリス・フランス・オーストラリアも五〇％以上です。

これに対して、日本は一五％で主要先進国の中では最下位です。日本に最も近いのが同じ第二次大戦での敗戦国・ドイツですが、それでも日本のほぼ倍の二七％です。

「あなたは〇〇国の国民であることに誇りを感じますか？」

この問いに対して、「はい」と答えた比率は次の通りです。

トップのコロンビア九八%を筆頭に、ポーランド、イラク、メキシコ、オーストラリアなど十ヵ国が九〇%以上です。続いてアメリカの八九%を筆頭に十ヵ国が八〇%以上です。韓国は八八%、イギリス、フランスもそれぞれ八四%、八三%です。中国は七五%、ドイツの六五%に対して日本は五七%で、これまた主要先進国の中では最下位です。

「権威や権力は尊重されるべきですか?」

この問いに対して、「はい」と答えた比率は次の通りです。

九〇%以上がコロンビア、グァテマラの二ヵ国、八〇%以上がフランス、メキシコの二ヵ国、七〇%以上がイギリス、オランダ、イラクの三ヵ国、六〇%以上がルーマニア、キプロス、チリの三ヵ国、五〇%以上がアメリカ、オーストラリア、ニュージーランドの三ヵ国、続いてドイツ、イタリア、中国、ポーランド、ロシアの五ヵ国が四〇%以上です。その中で何と日本は僅か三%です。これまた比べものにならないくらいの最下位です。韓国でさえも二七%の人が権威や権力を尊重すると回答しています。

第二次大戦の敗戦国という影響があるとはいえ、この調査に対する日本人の回答には、「国家観の希薄さ」が明確に反映しています。日教組による「自由・権利・平等」思想に基づく「個人人格の完成」という戦後教育が国民の間に浸透していることがわかります。

これでは、日本は国家と呼べる存在ではありません。

もう一つ、興味ある調査結果を紹介しましょう。

ほぼ同じ時期（二〇〇一年）に、アメリカ、フランス、韓国、日本の中高校生に対して、『日本青少年研究所』が行った調査から、空恐ろしいデータが発表されています。

以下、代表的な質問とそれに対する各国の中高校生の回答です。

「人生における最も大切な目標は何ですか」

この問いに対する日本の青少年の回答には驚かされてしまいます。日本の中高校生の実に六二％が《人生を楽しんで生きること》と答えています。韓国も同様の回答が多いのですが、それでも三五％です。アメリカ、フランスの中高校生では僅か四％です。

《人生を楽しんで生きる》、それ自体、悪い事ではありません。しかし、それだけでは、人間として生まれてきた価値が半減します。家族のため、社会のため、そして国家のために、いささかなりとも役に立ってこそ、生まれてきた価値があると言えるのです。

「人生の目標は社会に貢献すること」

人生の目標を問われ、前記《楽しんで生きる》に対して、ある意味では対極にある《社会に貢献すること》と回答した日本の中高校生は五％で、調査国中で最下位です。

「高い社会的地位や名誉を得ること」

さらに《高い社会的地位や名誉を得ること》という回答でも、トップであるアメリカの四〇％の一割にも満たない僅か三％と、これまた最下位です。

この調査では、日本の若い世代ほど「将来に向けての努力を嫌い」、「向上心の希薄な」そして「他人との協調」よりも「自己中心的な考え」、また「公」よりも「私」重視、このような傾向が強いということが明確に示されています。

もう一つ、『日本青少年研究所』の最新調査（二〇一四年実施）にも、飽食の時代を「危機感」と「向上心」を失ったまま生きる戦後の若者の特性を表すものがあります。

「自分の将来に希望が持てるか」

この問いに対して、「希望が持てる」という回答の比率をみると、日本は六一％と主要先進諸国の中で最下位なのです。アメリカとスウェーデンが九〇％以上、イギリスは八九％、フランス、カナダもそれぞれ八三％、八二％、韓国も八六％の青少年が「自分の将来に希望が持てる」としています。

私は、これらの調査結果には日本国民としての『自立心』と『誇り』と『伝統精神』を失ってしまった戦後日本人の特性が現れていると思わざるを得ません。

明治維新を成し遂げ近代国家を目指した先達には「危機感」と「向上心」がありました。《自立した国家をつくらなければ、列強に飲み込まれてしまう》という、先達の「想い」が近代国家樹立の原動力となったのです。

その時代から大略一五〇年の今日、これら調査から、日本人の「危機感」と「向上心」を窺い知ることはできません。ＧＨＱの狙い通り、「精神を弱体化された物質万能主義の日本人」になっているのです。

この調査結果に対して、戦後教育を受けた日本人はどのような思いを持つのでしょうか。

《第二次大戦の敗戦国として当然だ！》

《戦争なんてまっぴら御免、国の為に戦う気持ちなどまったくない！》、

《権威や権力などという庶民を困らせるものは認めない！》

《たった一度の人生だ。自分の好きなように生きて何が悪い！》

《今が幸せなら、それが最高。将来のために、今、この時に苦労などしたくない！》

近年、大方の日本人はこのような考えを持っているのではないでしょうか。

いかなる考えを持とうが民主主義の日本社会では自由ですが、国民の大多数がこれでは国家として国際貢献どころか、存続することさえもできません。

国民の意識がこのレベルに留まっていては、いずれ国家としては消滅し、列強の属国となるしかありません。

日本人の危機対応

独立主権国家としての自覚の希薄さが、近時の国家としての危機対応に現れています。日本に対し、日本人に対して、「国家としての威信」「国家としての誇り」「国家としての存立」、つまり、《日本は自立した国家と言えるのか》、《日本人は独立主権国家の国民と言えるのか》を問いかける危機管理に係わる事案が何例も生起していますが、今日の日本政府が行う何れの対応も、独立主権国家としての体を成したものではありません。

国家の指導的立場にある者を含め日本国民の多くが、国際社会の変化を直視することをせず、「十年一日の如く」、いや、「七十年一日の如く」、《憲法改正反対！》、《九条護れ！》と叫んでいる限り、国際社会に出来《しゅったい》する緊急事案への危機対応は不可能です。

このままの国家体制で、国家は国民の生命と安全を護ることができるのでしょうか。

この大略三十年程の間に生じた日本国民の生命と安全を脅かす事案、そして、それに対する日本国家としての対応について振り返ってみましょう。

★昭和六十（一九八五）年、イラン・イラク戦争の真只中でイラク大統領のサダム・フセインは、四十八時間の猶予期限以降にイラク上空を飛ぶ航空機は全て撃墜すると関係国に通告します。各国はイラクに取り残された自国民救済に全力を注ぐのですが、日本政府は日本人帰国のために自衛隊機を飛ばすことができませんでした。

テヘラン空港に取り残された二一五名の邦人救出に動いたのは、彼らの母国・日本ではありません。一〇〇年以上も前の一八九〇年、和歌山県の樫野崎沖でトルコの軍艦・エルトゥールル号が難破し、五〇〇人以上の乗組員が死亡するのですが、樫野地区の村民たちの懸命の救助活動により六九名のトルコ人の命が救われます。その九十五年後の一九八五年、イラン・イラク戦争の激化する中、日本人救出に動いたのは、和歌山・樫野地区の村民が行った乗組員救助活動への恩義を忘れないトルコです。

自衛隊機は憲法上の制約で邦人救出に向かうことができず、日本の航空会社は《航空機の安全の保障がなかったから「救援機を出さなかった」》と答えます。一方のトルコ航空は《日本人の安全の保障がなかったから「救援機を出した」》と答えるのです。

★平成二（一九九〇）年、イラクによるクエート侵攻に際して、アメリカは日本に同盟国として戦費の拠出と共同行動を求めました。これを受けて海部内閣は、一三五億ドルの戦費拠出と共に軍需物資の輸送でアメリカの要請に応えようと決断します。

ところが、その軍需物資輸送という業務を自衛隊ではなく、民間業者に依頼するのです。独立主権国家として真面な対応と言えるのでしょうか。「国際平和への貢献」だけでなく、《一朝、事あらば！》、つまり国家としての緊急事態にこそ、国民の安全と平和を護るために活動するのが自衛隊（軍隊）であるはずです。しかし現行法下では、できないのです。日本政府は憲法上、それができないとして緊急業務を民間業者に依頼するのです。

今日の日本では、このような危機対応はおかしいという考え方は少数でしかなく、制度変更への国民的議論が生まれることもありません。

★平成九（一九九七）年のペルー日本大使公邸占拠事件では、日本政府は独立主権国家として何ら為す術もなく、その解決の全てをペルーのフジモリ大統領に一任しました。

邦人救出のためといえども、現行法の下ではどうすることもできないのです。自らが武力攻撃を受けた際の自衛のため以外には、自衛隊が海外で武力行使をすることが禁じられているからです。

★また直近のアルジェリアプラント現場襲撃事件やイスラム国人質事件でも、日本政府は解決に向けての具体的行動を取ることができず、何人もの同胞を見殺しにしています。

★そして、国家が「自国民を護る」ということに対して、何もできないでいる最たるものの現れが、北朝鮮による日本人拉致です。

何十年にもわたり、何百人もの同胞が拉致、国内的に言えば誘拐されているのです。そして誰が犯人なのか、その犯人がどこにいるのか、明らかになっているのに、誘拐犯から人質を取り戻すことが出来ないのです。

これで、日本は独立主権国家といえるのでしょうか。

これら緊急事態への対応を阻害する原因は、「日本国憲法」や「自衛隊法」などに代表されるわが国の国防・安全保障上の危機管理に対する「法的不備」にあることは明白です。

そして、そのような国家体制を許してきているのが今日を生きる私たち日本国民なのです。日本国民の「公」に対する関心を失った「私」偏重の生き方、《憲法改正反対！》、《九条護れ！》を叫ぶばかりで、変化する国際情勢への具体的対応策を一向に考えようとはしない日本国民の生き方が、危機管理に係わる「法的不備」の原因なのです。

私たち日本国民は、《自分の身は自分で護る》《自分たちの国は自分たちで護る》という精神をどこかに置き忘れています。

異常事態が発生した場合、現行法の下では日本政府は「国民の生命と安全」を護ることができません。本当に、このままでいいのでしょうか。

ギリシャ人が自国の経済をEU諸国に委ねてしまっているように、日本人は「自国の生存と安全」をアメリカに一任しても何の疑問も感じない日本人に成り下がっているのです。

治にあって乱を忘れず

中国古典『易経』に、《治にあって乱を忘れず》という教えがあります。

自分流の解釈では、《何も起こらない平時にこそ、有事への準備をすべし》という意味であり、ひと言で言えば「備えの大切さ」を説いているのでしょう。

この言葉を今日の日本人に当てはめてみましょう。

第二次安倍政権下での「集団的自衛権の限定的行使容認」という閣議決定がなされて以降、「安保関連法案」の国会審議をめぐり展開される日本国民の動静に照らして考えてみます。

国会周辺では何度も大規模な抗議集会やデモが行われ、最近では一般市民に加えて有名芸能人や日弁連の幹部弁護士、さらには著名な憲法学者までが参加して《安保関連法案は憲法違反！》、《九条護れ！》と叫びながら行進しています。

このような形で世論形成がなされる中、テレビのインタビューに答える二十代、三十代の若者は《戦争には行きたくない。だから、集団的自衛権の行使には反対！》と答え、三十代、四十代の夫婦からは《自分の息子を戦場には行かせたくない。だから、憲法護持、九条護れ！》という回答が返ってきます。

誰だって戦争には行きたくないし、自分の息子を戦場に送り込みたい親などいる訳がありません。しかし、〝戦争反対〟を叫ぶだけで戦争を防げるのでしょうか。

世界の現実はどうでしょう。

残念ながら、戦争は起こります。

二十世紀は戦争の世紀でした。二十一世紀になっても国際紛争は後を絶ちません。当然の事です。歴史はつながっているのですから。二十世紀と二十一世紀はつながった歴史です。戦争の火種は無数に存在しています。多くの民族が国際平和を希求していても、現に戦争は起こるのです。宗教上の問題、貧富の格差の問題、そして、それぞれの民族が有する価値観の相違などから紛争や戦争は起こるのです。

では、どうすればいいのでしょうか。護るしかないのです。

自分の身は自分で護るしかないのです。

自分たちの国は自分たちで護るしかないのです。

だから、《治にあって乱を忘れず》なのです。《平時にこそ、有事に備える》のです。「集団的自衛権の行使容認」は、まさしく「有事への備え」であり、「有事への備えは、平時の今日にこそ」行われなければならないのです。

今日の日本人は、なぜ、このような明快な理屈を理解することができないのでしょうか。

また、次のような自分勝手な子供じみた情緒主義に疑問を感じないのでしょうか。

《同盟国は日本を護る義務を負うが、日本は憲法の制約で同盟国を護ることはできない》

《集団的自衛権の保有は認めるが、憲法上、その行使は認められない》

日本人は、本当にこのような普通の人間ならば理解に苦しむ情緒的法解釈が、冷厳な国際社会で通用すると思っているのでしょうか。

このような日本の国防・安保政策を同盟国は勿論の事、国際社会はどのように観ているのでしょう。

独立主権国家でありながら、国家存続の最重要事項を何十年にもわたり他国に依存し続ける手前勝手な国と観て、心の中では軽蔑しているに違いありません。

戦後の経済発展が、多くの平和ボケ日本人を生んでしまいました。

戦後日本人は、「国家の存続」に対する関心を捨て去った人間に成り下がっているのです。今日の日本人は、個人の「自由と権利」を大きく主張するあまり、「個」と「公」との関係に思考が及びません。

「国家・社会の在り方」に対する関心がどんどん希薄になっています。自らの「個」という存在は、他者・他人と共につくる「公」という社会によって護られていることに気づかないのです。

このような極端な「私中心」に走る現代日本人の生きるための欲求は、一体、何なのでしょう。「マズローの欲求五段階説」に、今日の日本人を当てはめてみましょう。

第1段階・「生理的欲求」（生物としての生きるための基本的欲求）
第2段階・「安心・安定への欲求」（人間らしい安定した生活への欲求）
第3段階・「社会的帰属への欲求」（属する社会、組織の一員で在りたいという欲求）
第4段階・「自我自尊の欲求」（属する社会、組織で価値ある人間で在りたいという欲求）
第5段階・「自己実現への欲求」（属する社会、組織で在るべき自分を目指すという欲求）

明治維新を実現し、近代国家への道を切り拓いた幕末から明治・大正・昭和の初期を生きてきた私たちの先達は、間違いなく、第四段階から第五段階への欲求、つまり、自らを国家・社会にとって価値ある存在でありたいと思い、その国家・社会のために貢献できる人間になろうとする高度な欲求を保有していました。

彼らがとった、列強からの植民地支配の恐怖を撥ね退け、独立主権国家実現への行動は、第三段階の属する国家・社会の一員でありたいという「社会的帰属の欲求」をはるかに超え、第四段階の「自我自尊の欲求」から、第五段階の「自己実現への欲求」に支えられていたものと思われます。

彼らの行動からは、《国家・社会に貢献する人間で在りたい》、《尊敬される人間で在りたい！》という「私」と共に「公」をも大切にする精神が読み取れます。

では戦後七十年、今日の日本人の生きるための欲求はどのレベルにあるのでしょう。「自己実現」や「自我自尊」の欲求などは望むべくもなく、「社会的帰属の欲求」にも及ばないでしょう。私には、日本人の関心は私生活の充実でしかないように思えるのです。第二段階「安心・安定の欲求」のレベルで留まっているのです。

辛辣な言い方になりますが、戦後何十年にもわたり、自らの生活の安定ばかりを追いかけ、個人の「自由と権利」を大きく叫び続ける日本人は、ある意味では第一段階の「生理的欲求」

と第二段階の「安心・安定の欲求」ばかりを追いかけるという動物と同じレベルに留まっているのです。このままでは、国家の存続が危ぶまれます。

激動の時代を生きた先達の歴史に学ばず、物質的価値ばかりを追い求める現代日本人への警句があります。

『世界の歴史が説く民族滅亡の三原則』という戒めの言葉です。

理想（夢）を失った民族
全ての価値を物でとらえ、心の価値を見失った民族
自国の歴史を忘れた民族

このような民族は滅亡すると世界の歴史が説いています。

決して他人事ではありません。人生の目標を問われ、《楽しんで生きること》と答える今日を生きる日本人は、一人の社会人としてのいかなる夢や理想を持っているのでしょうか。自らを国家・社会の構成員とする自覚を持っているのでしょうか。

経済的繁栄ばかりを追い求める日本人には、先達たちが育んできた「伝統精神」・「伝統文

化」の価値を学ぼうとする意志があるのでしょうか。

僅か七年ばかりの占領統治を受けただけで、私たち日本人は連綿と続く二〇〇〇年にわたる自国の歴史を忘却してしまったのでしょうか。

バブル経済崩壊後、自国の歴史を学ばず、自らの人生を歩むうえで社会貢献どころか、何の働き甲斐をも考えることなく、ひたすら私生活での物質的充実ばかりを追い求める一部国民の生き方は、日本民族の滅亡へ向かっているような気がします。

安倍首相による「戦後七十年談話」

平成二十七（二〇一五）年の終戦記念日前日（八月十四日）、安倍首相は「戦後七十年談話」を発表しました。事前に本人から、「七十年談話」は過去の「村山談話」「小泉談話」を大筋では引き継ぐという発言があったため、新しく発表する談話の内容が、国内はもとより、中韓両国をはじめとする関係諸国からも大きな注目を浴びていました。

世界の関心が集まる中で発表された安倍首相による「七十年談話」は、事前の発言通り「村山談話」を構成する「侵略」「植民地支配」「お詫び」「反省」という四つのキーワードを使用してはいますが、その内容は過去の談話とは異なったものとなっています。

過去の村山・小泉両談話は反省とお詫びばかりに重点を置いた極めて情緒的なものでしたが、今回の安倍首相による「七十年談話」は、村山首相（当時）による「五十年談話」や小泉首相（当時）による「六十年談話」とは明らかに相違するところがあります。

日清・日露から太平洋戦争という日本が歩んだ道への「反省」と「お詫び」に加えて、戦争に至る「当時の国際環境」、その国際環境の中で、日本が「なぜ国策を誤ったのか」について、次のような表現で言及しています。

《欧米列強による植民地支配の波がアジアにも押し寄せてきていたこと》

《昭和四（一九二九）年に起きたアメリカの大恐慌によって、英米など世界の主要国が一斉にブロック経済体制に移行していったこと》

《そのため輸出立国の日本は、輸出はおろか、資源の輸入もままならない状況に追い込まれていったこと》

また、国際社会における列強による植民地支配という歴史の大きな流れについても、次の様に述べています。

《日露戦争での日本の勝利が、列強の植民地支配下にあった当時のアジア・アフリカ諸国に勇気を与えたこと》

そして、さらに大切な事に言及するのです。

《あの戦争には何ら関わりのない世代に謝罪を続けさせる宿命を負わせてはならない》

と述べ、自らの責任と覚悟で謝罪の繰り返しに終止符を打つ決意を示しています。

ある意味では、「七十年談話」の発表という機会に、安倍首相は今日まで戦後の歴代指導者の誰もがやろうとしてこなかった「戦後日本の総括」を行い、「日本人の自虐史観」に区切りをつけようとしたものと思われます。

第一次安倍政権発足以来、安倍首相の本音は「村山談話の修正」にあったのでしょう。

村山談話は過去の日本の歴史を一方的に侵略者として断罪する東京裁判史観に依拠してい

るため、隣国からの度重なる謝罪や決着済みの補償要求の要因になるなど、大きく国益を損なってきました。

日本が何の修正も行わず、村山談話がこのまま国際社会に定着してしまえば、日本人は将来に向かって永久に自虐史観を引き摺ることになり、子や孫の世代にまで負の遺産を残すことになるので、安倍首相は自らの責任と覚悟で「村山談話の修正」を決意したものと思われます。

私は、戦前・戦中の日本の行為を全て正当化するつもりはありません。日中戦争・太平洋戦争の過程で、一部軍部の独走や戦略・戦術の誤りで日本が侵略と受け止められかねない行為に及んだことは事実であり、認めなければなりません。

現に中韓両国のように、今日に至るも、それを日本による「侵略行為」だとして糾弾する国も存在しています。

しかし東京裁判が断罪するように、戦争原因の全てを日本がつくったのではありません。戦争当事国は双方とも、自国の行為で何らかの戦争原因をつくり出しているのです。一言で表現すれば、戦争にまで発展したのは、双方の責任なのです。双方とも、悪いのです。戦勝国は常に正しくて、敗戦国だけに戦争責任があるというものではないのです。

このような視点の欠落した村山談話は、敗戦国として、唯々「謝罪と反省」を述べるだけで、《なぜ、戦争に至ったのか?》については何も触れてはいません。これでは、双方の当事国にとって、将来へ向かっての本当の解決にはならないのです。

安倍首相は村山談話の問題点を指摘し、修正を志向する中、もっと客観的事実に基づいた公平な形で自国の歴史を振り返り、将来に向かっての国家運営の草案作成を意図していたものと私には思われます。

振り返れば、二十五年以上も前の海部首相にはじまるアジア諸国への《侵略と植民地支配に対する反省とお詫び》発言が、そのまま、続く橋本首相、細川首相へと引き継がれ、その後の「村山談話」「小泉談話」へと発展しました。

残念な事に、その間、日本国民の目は自らの物質的生活の向上のみに向けられ、東京裁判が断罪する日本の侵略と植民地支配の実態を自らの手で検証する努力を怠り続けてきました。

日本国民は真相究明への意思を表すことなく自虐史観を引き摺り続け、唯々、隣国に対する《痛切な反省と心からのお詫び》という情緒的文言を発し続けてきました。

GHQの洗脳政策に国民はもとより、歴代国家指導者までもが嵌まってしまうのです。

安倍首相は日本の将来を想い、この負の連鎖を断ち切ろうとしたのです。

今回の「七十年談話」には、随所に首相の強い決意と苦心の跡が滲み出ています。しかし、「村山談話」を修正するだけでは、隣国との外交関係を一層混乱させることは明白です。これ以上、隣国、とくに中韓両国との外交関係を混乱させたくはありません。

そこで、安倍首相は隣国との外交に配慮し《大筋での「村山談話」引き継ぎ》発言をしたうえで、加筆修正という「修正」を行ったものと私には思われます。

この時期に安倍首相が世界に向けて発信したかったのは、「村山談話」の引継ぎ部分ではありません。加筆修正した「修正部分」です。この修正部分の発表が「七十年談話」発表の狙いであり、意義なのです。

その意義の現れが、《当時の国際情勢への言及》と、それに対する《日本の立場の説明》であり、さらに将来に向けての《子や孫の世代にまで謝罪という宿命を負わすことはできないという決意表明》になっているのです。

日本国民は、今回の安倍首相による「七十年談話」をどのように観ているのでしょう。

日本は民主主義国家です。「思想・信条の自由」に「表現の自由」が認められた民主主義国家です。「七十年談話」に対して、各方面から様々な意見が発せられています。

反省とお詫びからなる「村山談話」とは異なったものになった「安倍談話」に対して、加筆修正ではなく、本格的な「村山談話の全否定」を期待していた保守系の一部には、《日本の主張が少なすぎて、がっかりした！》という不満の声もあります。

一方の中韓両国や日本の左翼系「反日言論人」たちは、《日本の行為は誰がやったのか、主語が明確にされていない。主語なき反省は、反省に非ず！》と予想通りの批判発言を展開しています。

また、村山元首相自身も己の存在を誇示する狙いからなのか、《安倍首相は何を言いたいのかサッパリ解らん！》という、それこそ意味不明の批判をしています。

しかし、何れの論調も従来のものよりも、数段トーンダウンしたものになっています。

アメリカ、イギリス、ドイツなどの欧米諸国、また中韓を除くアジア諸国は、「七十年談話」を概ね妥当なものとして好意的に受け取っています。

今回の「七十年談話」は、国際社会における「日本への理解」というテーマに対して、一定の効果を発揮していると言ってもいいでしょう。今回の「安倍談話」で、日本政府は謝罪外交に終止符を打たなければなりません。

おわりに

近世から近代にかけて、わが国が遭遇した国難とも言うべき「変化」に対して、私たちの先達がいかに「対応」してきたのか、について考えてまいりました。

明治のはじめアジアの一小国であった日本は、列強に遅れてはならないという国民の想いが結実して、短時日の間に新しい近代国家を創り上げました。列強からの植民地支配の恐怖を撥ね退けながら近代化を成し遂げた先達たちに対して、私は日本人としての『誇り』を感じています。

私たちの先達は、知恵を発揮して「一国一文明」を築き、国家を成長・発展させてきました。知恵を発揮して「危機に対応」してきました。

大きな知恵を働かせて、大きな「変化に対応」してきたのです。

先達たちの発揮した知恵のお蔭で私たち今日を生きる日本国民は、平和と安全に支えられた経済的繁栄を謳歌することができているのです。

しかし戦後七十年の今日、その経済的繁栄にも陰りが見え始めました。

そして、陰りは経済だけではありません。外交や安全保障に教育など、国家存立の基本構造にも国力衰退の兆しが見え始めています。既述しましたが、日本は近世以降、「第三の国難」を迎えていると言っても過言ではありません。

今こそ私たち日本人は、先達の「変化に対応」する生き方に学び、第三の国難を克服しなければなりません。日本民族としての『誇り』と『伝統精神』の復活を目指し、そのために「変化に対応」するための知恵を身につけ、その知恵を実践していかなければなりません。

とくに、経済一辺倒となった日本人の「知恵の発揮」を、国防・安全保障や教育の分野にも向けさせ、『自立の心』を取り戻さなければならないのです。

尖閣問題でわが国と対立状態にある中国、その中国空軍は僅か五分で日本の領空に達します。中国軍艦はたった五時間で日本の領海に到達するのです。

そして、私たちの同胞を何百人も拉致した北朝鮮は、何発もの弾道ミサイルをわが国に向けて配備しています。

また、日本との間で北方領土問題を抱えるロシアは、国後・択捉・歯舞・色丹の四島で着々と実効支配を強めています。

このように、日本が独立を機会にアメリカとの間で基地の提供を条件に日米安保条約を結んだ六十余年前と今日の国防・安全保障に関わる環境は大きく様変わりをしています。

この変化を直視せず、相も変わらず、《戦争反対！》、《憲法改正反対！》、《九条護れ！》と叫び、米軍へ基地を提供するだけで、国民の安全と平和を護ることができると、本当に日本人は思っているのでしょうか。

基地を提供するだけで、独立主権国家としての自主的防衛行動も採ろうとしない日本人のために、アメリカ人は血を流す覚悟を持っているのでしょうか。

アメリカ政府高官の《尖閣は日米安保の対象である》という発言は、何を意味するのでしょう。私たち日本人は、この発言の真意を理解しなければなりません。

日本が安全保障上の諸問題全てをアメリカ頼みにするようでは、同盟国・アメリカが日本を護るはずがありません。日本人自身が自国への危機に立ち向かう意思と行動を示してはじめて、アメリカは日本のために集団的自衛権を行使するのです。

現場に赴く米兵には、同じ価値観の下に日本人が共に戦う姿勢を示すから同盟国・日本を護ろうとするのであって、自分の国を自分で護る精神を持ち合わせない形だけの同盟国のために血を流す精神など持つ訳がありません。

戦後七十年、今が対米依存脱却のチャンスです。

『自立心』を取り戻す最後のチャンスです。

世界の実態に合わない「憲法前文」、そして非現実的な「憲法九条」を改正し、自衛のための戦力保持を明確にしなければなりません。

「集団的自衛権」行使の規定を見直さなければなりません。

東京裁判によって植え付けられた「自虐史観」を払拭し、日本人としての『誇り』を取り戻さなければならないのです。

それが「変化に対応」することであり、国家・国民の生命と安全を護ることです。

もうそろそろ、私たち今日を生きる日本国民は、GHQの洗脳から目を覚まさなければなりません。目を覚まし、《自分の国は自分で護る！》という独立主権国家の国民としての基本精神を身につけていかなければならないのです。

そのためには国防や安全保障に対して、私たち日本国民のひとり一人が、もっと大きな関心を持たなければなりません。一握りの専門家の知識と判断だけに頼り切ることをやめ、自らが世界の国々の動きに対して関心を持つことです。

関心が「知恵」を生むのです。

そして、「知恵」が「誇り」を取り戻すのです。

関心のないところには、「知恵」も「誇り」も生じません。「知恵」と「誇り」の発揮なければ、「変化に対応」することが出来ず、国家は衰退するしかないのです。

「知恵なくば、国起たず！」

「誇りなくば、国護れず！」

私たち日本国民は、世界の国々の動静に関心を持ち、関心を「知恵」に進化させ、その知恵を実践して、「誇り」ある国家像を創造しなければならない時代を生きているのです。

完

菅 考之（すが　たかゆき）

1943年生まれ。鹿児島県出身。

1965年、同志社大学法学部卒業。同年、ヤンマーディーゼル株式会社入社、仙台支店陸用販売課勤務を振り出しに、同社陸用事業部長を経てヤンマー産業社長等を歴任。

2005年、同社退社。現在、株式会社ニシテック理事。

サンマーク出版社主催の「大いなる生き方」エッセイコンテスト入賞。

著書：『「恥の文化の喪失」が招くもの』

　　　『義理と人情、義理と厄介　君はどちらで生きるのか』


知恵なくば、国起たず！

誇りなくば、国護れず！


平成28（2016）年4月28日　第1刷発行

著　者　菅　考之

発行者　斎藤信二
発行所　株式会社 高木書房
〒114-0012
東京都北区田端新町1-21-1-402
電　話　03-5855-1280
FAX　03-5855-1281
メール　syoboutakagi@dolphin.ocn.ne.jp
装　丁　株式会社インタープレイ
印刷・製本　株式会社ワコープラネット
※乱丁・落丁は、送料小社負担にてお取替えいたします。

　ISBN978-4-88471-441-3　C0031